本书出版得到文化名家暨"四个一批"人才项目、浙江省"万人计划"人文社科领军人才项目、浙江大学一流骨干基础学科建设计划、杭州市上城区政府的资助

中国城市街道与居民委员会

档案史料选编

（第一册）

1949—1950

毛　丹◎主编

陈　军　任　强　哈　雪◎副主编

ZHEJIANG UNIVERSITY PRESS
浙江大学出版社

主编单位

中国社区建设展示中心

中国社区建设展示中心是民政部批准建立，集史料陈列、文物展示、理论研究、文献收藏、社区实务于一体的社区建设专题类展览馆。建成于 2009 年 12 月 21 日，经过 10 年发展，中国社区建设展示中心已发展成为中国社区建设的历史课堂、研究基地、实践样板和对外窗口。中国社区建设展示中心由基层组织历史厅、社区建设发展厅、社区治理成果厅、"左邻右舍"社区治理创新园等展馆组成，全方位展示了我国社区建设的历史演进、发展现状和地方经验。

民政部—浙江大学全国民政政策理论研究基地

民政部—浙江大学全国民政政策理论研究基地以浙江大学城乡社区研究团队为基础，在民政部政策研究中心、基层政权与社区建设司以及浙江省民政厅的指导帮助下，致力于农村社区建设与乡村振兴研究、城市社区建设与城市社会治理体系研究、地名文化研究。基地秉承"服务浙江、辐射全国"的发展理念，关注浙江及全国其他地方的城乡社区、社会治理重大理论与实践问题，形成了一批立足于实践发展的民政政策与理论成果。

丛书说明

20世纪50年代初以来,我国的街道和居民委员会(以下简称居委会)长期承担基层管理和组织城市基层社会的功能,形成了我国独特的城市社会样态。居委会与基层社会是理解中国社会不可或缺的视窗。改革开放后,社区建设与基层社会治理的重要性日渐突出,居委会、社区、基层社会的性质与功能、理论与实践都经历了更为复杂的变迁。系统整理、研究居委会与城市基层社会的历史档案资料,对于理解我国基层社会的变迁,研究其发展方向,提升社区治理现代化水平,当有独特的价值。

民政部—浙江大学全国民政政策理论研究基地与中国社区建设展示中心自2010年开始酝酿本丛书。近十年来,在民政部支持下,我们以1949年至2000年为时限,征集、收集了有关街道和居委会工作的档案资料,包括中央和地方的重要政策文件、工作报告、工作记录以及一部分重要的报刊资料等1000多种。现在,我们从中选择部分档案资料汇编成第一辑共10册。这里对收录的内容作几点说明:

1.《中国城市街道与居民委员会档案史料选编》系自中华人民共和国成立以来首次对全国范围内城市街道与居委会档案史料进行整理和编选,由民政部—浙江大学全国民政政策理论研究基地和中国社区建设展示中心合作完成。

2.主要依据文献的学术研究价值和实践意义进行筛选,收录发布时间最早及内容最完善的资料,文献内容包括但不限于城市和街道居委会的设立过程、制度建设、组织完善及各项具体工作的计划和成果报告,以及相关报道和研究。

3.编印按照原件发表时间排序,时限为1949年至2000年,1949年前的相关资料收录于附录中。个别年份(1967年至1970年,1974年)因档案未解密或搜集到的资料质量不佳等原因未予收录。

4.早期城市街道和居民委员会工作人员提交的部分报告和工作记录中存在较多明显的别字和语病,为方便读者阅读,编者在不改变原义的前提下进行了校订,文中不再一一指出。对文中出现的方言、惯用语和生僻词等,则以脚注形式进行说明。

5. 由于档案文献有政策文件、工作报告、新闻报道、期刊论文等多种形式，标题格式不一，为便于读者检索，编者重拟了部分档案文献的标题，并将原标题列于脚注中。丛书按通行的书籍格式横版排编，资料来源加"【】"标注；无法辨析的文字，用"□"标注。

6. 档案原件主要来源于中央及各地方的档案馆、各地民政相关部门，少量来自政府工作网站。所用资料均经过核实，资料的出处标于篇末。

7. 为科学客观反映我国基层社会变迁，编者保留档案文献中反映各时期政治过程在基层社会影响的内容，希望读者正确鉴别。

《中国城市街道与居民委员会档案史料选编》编委会

2019 年 6 月

目　　录

第一册

第二册

第三册

第四册

第五册

第六册

第八册

第九册

第十册

1949

中共中央关于处理保甲人员办法的指示

根据晋冀鲁豫及济南的经验，建议平津解放后的办法：

一、少数有重大罪恶行为、人人痛恨的保甲长应予逮捕。对一般保甲长在短时期内仍须留用，使之有助于社会治安的维持。

二、由委派之市区政府工作人员，分区召集原有的全区保长，到区听训。

（1）保甲制度是国民党反动统治的基层机构，必须废除。

（2）保长是国民党指派的统治与压迫人民的工具和帮凶，应受人民的审查，有罪者受惩。

（3）人民解放军及政府宽大为怀，给他们一个自新的机会，责令在下列数事立功自赎：

甲、检举潜藏该保的散兵游勇及特务；

乙、呈报散落该保的武器弹药及其他军用品，以及居民私有枪支及弹药；

丙、报告并看管设在该保的一切公共房产、机关、学校、工厂及其他一切公共财产，确保不受损坏；

丁、注意各户，特别是旅馆客店的来往人员，如发现可疑分子，应立即报告区政府。

并严正告诉他们，对上列各项如有知情不报，甚至身为窝主者，当严予惩处；但栽赃诬告陷害好人者，应受反坐处分。并今后必须低首下心为人民服务，以求取得人民的宽赦，绝不许借人民解放军及民主政府招牌，招摇撞骗，作威作福，一经察觉绝不宽贷。并令他们依据上述内容联名具结，保证切实遵行。如有狡猾的保长借辞推诿脱身者，一概不准。

三、经过上述手续后，再分区召开群众大会，务求家家户户有人到会。着令保甲人员全体到场，站立一旁，去掉他们昔日的威风。当场将第二项全部内容详细复述，将他们所具的联名切结当场公布，使群众完全了解我们的意图，并号召群众监督他们。如发现他们继续欺压人民，或有其他不法行为，准予随时公开，或密函向军管会、警备司令部、市和区的民主政府控告举发，查明属实定予严惩。

四、这种做法是为了暂时利用保甲人员，而且在民主政府的严密控制与广大群众的监督之下暂行利用他们,这绝不是承认他们在民主政权系统中的合法地位。如济南五区派工作人员下去工作,还要给保长写介绍信,经过保甲长进行工作,那是错误的。

1949 年 1 月 3 日

彭真在良乡对准备进城的各区干部的讲话^①

今天到场的同志,大多是准备做北平各区的区委、区长工作的,大家进城以后,首要的就是掌握基本方针、基本政策。

进城以后,我们总的任务是推翻旧的社会和建立新的社会,彻底摧毁、肃清反动势力的残余。但必须注意把旧的国家机构和企业机构区别开来。国家机构即指政权机关、军事机关、警察、法院等,对敌人的此种机构,我们必须彻底粉碎。至于工厂、商店等企业机构,我们应予以接管和改良。

一

具体地讲,进城以后我们应该做些什么工作呢? 我想应先做下面三项工作:

(一)掌握政权

政权即刀,是阶级压迫的武器,阶级斗争的武器。所以我们必须将政权拿在手里,用以保护自己和消灭敌人,否则,不但推行工作不易,甚至受人之欺。如海淀工作团因未首先掌握政权,而受到警察及保甲长之欺,故首先必须善于掌握及使用政权,然后利用政权的力量搜缴敌人武器、除奸、接收工厂及所有物资。

(二)建立民主

民主制度要逐步建立,决不能马上就实行民主普选,因为我们吃过这个亏。在石家庄时,某纱厂选举代表曾选出国民党来;在东北某学校选举代表,曾选出三青团来。所以我们在一开始进城,情况不明,敌我都难以分清时,不能采取民主选举、无记名投票的办法。我们首先应采取座谈会的形式,比如在工厂中找一些好的工人(人数不要太多,否则容易浪费时间,事倍功半)开座谈会,提出一些问题,互相讨论,彼此了解,做些调查研究工作,并解决其思想问

---

① 原文标题为《掌握党的基本政策　做好入城后的工作》。

题,然后再由市府召开全市工人的座谈会。在学校中也是一样,首先召开座谈会,谈谈各种问题,如新北平的建设问题,课程问题等,然后再由总管机关把各校集合起来开会。在工人、农民不敢讲话的情况下,民主容易被流氓及反革命分子利用。所以一进城后不要马上召开代表会,先开座谈会,民主建设应先从座谈会做起,然后召开临时代表会,最后再召开人民普选的代表会。现在首先是要把狼打死,肃清敌人就是根本的民主建设。

(三)工商业问题

这个问题牵连到一些根本问题。我们为什么要这个城市呢?农民为什么要这个城市呢?北平的粮食问题应该怎么办呢?攻下北平,币制问题容易解决,粮食问题比较困难。只往城里送粮食,农民不拥护,但若把城里的工业品拿到乡下,农民就高兴了,把城里的知识分子送到乡下为农民服务,农民就痛快了。合作必须彼此互惠。

无产阶级先锋队的任务在于解放生产力,使城市为农民服务,城市农村互相交换物资。在这当中,商业即为彼此交换的媒介,商业搞不好就交换不了,弄得两头糟糕。所以,我们进城以后,除了推翻旧的、建立新的以外,必须抓工商业。如石景山钢铁工厂、纺织厂等,要组织起来供给他们原料。还有许多手工业者,如不好好组织,他们就没有饭吃。所以,必须好好组织,用他们生产的东西,供给农民使用,这样他们就有饭吃了。大家都有了饭吃,无产阶级的天下就好坐了。对于工业,不管任何工业,只要不是吗啡,不害农民,而是农民喜欢的,农民需要的,就供给农民,即使是娱乐品也好。这样,我们才算进了城没有忘记农民。

还有一个问题,就是现在由各地运来几千万斤粮食,怎么才能送到市民的手中呢?排队领取不成,交给保甲长分配更不成。另一个问题就是城里工业品如何收集起来送给农民?王麻子刀剪铺的剪子怎样才可以运往冀鲁豫梁山泊的李逵手中?所以必须有国营商店及合作社为我们做商业工作,先组织供销合作社,取农民原料给工厂,取城市工业品运往乡下,彼此互通有无。经过合作社调查统计农民的需要,按需要组织生产,可以减少一些生产的无政府状态。

二

北平一个区就有十几万人口,如何开始工作?必须要有重点。我们如能把几件要紧事做好，就差不多了。各区有各区的特点，必须依照具体情况推进工作。主要是在群众中开展工作。首先是工人工作（近郊为工农工作，但近郊农民与普通农民不同），其次是学生工作（他们比较集中），再次为各种手工业工人工作，再下去是贫民工作。一开始须从调查研究着手，大家在从事调查时，不要什么都调查，要把握重心，进行系统的调查研究，然后才能实事求是地依照具体情况确定进行工作的步骤及方法。下面，再讲几个具体的政策问题。

（一）工人工作

我们必须知道工人阶级是我们自己的阶级，但不要认为他们立刻都会拥护我们。因为我们长期在农村，回到城市，变生疏了，对于工人，如久别爱人一般，心情虽热，但无从谈起。所以，要耐心进行深入细致的工作，对工人说明共产党是工人阶级的政党，说明共产党所领导的政权即是工人阶级领导的政权，使工人明白国家政权是自己的。对工人千万不要高傲，以胜利者自居，就是对被迫加入国民党的工人，也要亲切和气（但对工贼要区别对待），提高其阶级觉悟，使工人分清敌友，这样他们才会想出办法来解决问题。

工厂分公营及私营两种，公营工厂是公家所领导的社会主义的工厂，其中没有剥削。公营经济必须领导私营经济。公营工厂中应选劳动英雄，它的工作人员应当同我们一样，工人物质生活必须保障，奖励处罚制度必须建立，好坏分子必须分清，主要是要启发工人的阶级觉悟，这样就可以解决工厂中的问题。在私营工厂中也应启发工人的阶级觉悟，使他们明白受资本家的剥削，并应说明私营工厂与公营工厂之不同。此外，还应说明私营工厂在今天还有利于经济的发展，还有利于国计民生。我们是为了发展社会经济而保护工商业，并不是为了资本家的私利而保护工商业。还必须说明我们一方面与资本家联合生产，一方面也必须有斗争。资本家必须遵守我们的工厂法，必须服从我们政府的领导。但是工人也要服从工厂纪律。工厂委员会在私营工厂中可以慢点组织，先在一两个工厂做试验。开始时可先开座谈会，工人大会也可召开，广泛地宣传讲演，使工人活跃起来。总之，每区需花相当大的力量做工人工作。

（二）学生工作

北平有将近10万的大中学生，必须动员他们打倒蒋介石。学生中的情形也很复杂，首先应该给他们讲中国往哪里去，世界往哪里去，人民往哪里去，你往哪里去，历史进化的道路，社会发展的阶段等问题，引导他们确立正确的人生观。其次，我们应尽量发动学生到工人、农民中去工作。大多数学生阶级意识比较模糊。与工人常在一起,有利于他们确定阶级立场。与农民接近,主要应与贫雇农接近,使他们实际体验贫苦农民的生活。进北平以后,我们要使十万学生到工人、农民中去,预计会在北平造就大批学生干部。

(三)农民工作

对农民应该宣传我们的土地政策,北平近郊今年是否分地还未决定,打算先调查一下,提出具体办法以后解决。但必须宣传我们的土地平分政策,可以对贫雇农说,在你们组织好以后就可以分地。对中农,我们决定采取不侵犯态度,对其土地不动,应该团结他们。对地主不打不杀,对地主的工商业也不侵犯,但对少数保甲长(坏分子)则必须进行斗争。此外,尚有农民的借粮问题,可以从恶霸手中取粮借给贫苦农民,但事先须好好调查研究。

对贫民问题我们应如何看呢?城市贫民是革命集团还是反革命集团呢?原则上他们是革命的。究竟他们是我们的群众?还是国民党的群众呢?他们是我们的群众。但因为这一集团内部极其复杂,所以不能笼统对待。这一集团包括有各种不同的职业者,有的是流氓,有的是小偷,有的是侦探,有的是反动派的狗腿子,有的是真正劳动而不得一饱的,也有流亡地主,也有没落贵族,在这些人当中,劳动者是我们的朋友。这些人之共同点是穷,但气味又各不相同,有的接近无产阶级,有的接近剥削阶级,情况比较复杂。所以我们一开始不先找贫民,而先找工人、学生、手工业工人等,然后再做贫民工作。

三

(一)保甲长问题

首先必须明确保甲制度是反动的国家机构的一部分,保甲长是国民党的爪牙,所以对他们不能提原职原薪。甲长尚为其次,保长则多是国民党工具,多半对人民有罪行。对这些罪人应如何处理?中央曾有指示:1. 直接指明他们是罪人,但准其将功赎罪。2. 对伪保中所有的特务及反动分子、散兵游勇,须负责登记,并交出保中所有武器、军用品。3. 对保中所有的学校、兵营、名胜古迹、机关等须负责保管,少一块玻璃也得负责。4. 来往过路坏人活动,抢案、偷案等事件发生,均得由他们负责。一旦发生事件,唯保长是问。这些须立字为证,让各保长互相做连环保,搞得好的,可将功折罪,如果要辞职,我们不准。此外,也不准其阻碍群众运动。开群众大会时,保甲长不准坐,并令其宣布再做错事愿受处罚。甲长可分别情况处理。

（二）国民党问题

蒋介石集团的根基是一定要挖的，特务组织一定要摧毁，对加入国民党、三青团的进行登记，分别处理，不要一律对待。北平附近工人中，国民党员不少，据说在石景山、长辛店、门头沟等地有些单位工人中国民党员要占百分之七八十以上，在这些工人当中，应该加以区分，有的是相信和拥护国民党而自动加入的，有的是为了饭碗问题带一点主动性而参加的，也有的是完全被迫参加的。我们处理的办法是将特务组织彻底摧毁，对加入国民党及三青团的人员进行登记后，再区别情况，研究处理。必须防止对国民党忽视的态度，不要认为他们已经树倒猢狲散了，要尽量防止此种"右"倾的态度。我们对反革命分子，决不搞逼供，不加肉刑，主要靠调查，这样才能不犯错误。对国民党问题应有步骤地一步一步地处理。

（三）原职原薪问题

对企业实行原职原薪，学校大体也原职原薪，政府职员非原职原薪。但原职原薪的口号对工人决不宣传，因为这是我们实际做事的口号，并非宣传的口号。对原职原薪处理办法是：1.在过渡期间顾不上公平地定工资之高低，故依原职原薪；2.必须保持技术工人及一般工人的工资比例，反对平均主义的倾向；3.将来在了解情况后重新调整工人工资，过去靠走门子混得地位及压迫工人的要开除或降级，技术好而工资低的要提升。

（四）地下党员的问题

我们这里准备进城的有农民党员、知识分子党员（包括大部分由蒋管区来的学生同志），大家应该互相学习，以虚心的态度处理问题，不要自以为能干，革命工作须一点一点地学习。对地下党员要谦虚，凡事不要骄傲，一骄傲就要糟，好好对待城中地下党员，尊重他们的意见，彼此好好团结，这样才能做好工作。

1949 年 1 月 6 日

中共沈阳市委关于废除保甲建立初步
的街道民主政权的指示(草案)

(一)保甲组织是国民党反动政权的基层组织,是直接统治镇压人民的反动工具。旧保甲长中欺压群众和贪污勒索的现象是普遍的,群众对旧保甲组织及其人员是最痛恨的,迫切要求我们取消这种反动组织,惩办其中的首恶分子。现在本市的接收工作已告一段落,我们和本市的工人阶级与劳动人民也有了初步的联系,因此,彻底地摧毁国民党反动的保甲组织,把民主政权的街道组织初步地建立起来,才能使新的人民政权逐渐地以民主方式建立起来。

(二)过去3个月中,在废除保甲的准备工作上是取得了一些成绩的,虽然同时也存在着某些缺点和错误,如对旧保甲的态度不明确,编居民小组时无标准地提出"挤坏人"等不恰当的口号。但这些成绩仅仅是初步地了解和熟悉了一下保甲及居民的情况,发现与训练了一批积极分子,清查了一些黑人黑户等,短短两个月的工作,尚谈不到我们在群众中的工作基础和群众觉悟的提高。发现和训练的积极分子,也还没有经过真正的考验,而且为数不多。因此在目前如何废除保甲和建立初步的街道民主政权的问题上,我们只能主要采取自上而下的方式,配合以某种程度的适当地发动群众,进行民主斗争,根据已有的干部条件,逐渐地废除旧保甲组织,建立起初步的街道政权,并在整个工作过程中达到对群众的广泛宣传教育和提高群众对民主的认识的目的。

(三)在做法上,第一,首先应当进行广泛的关于废除保甲建立街道民主新政权的宣传,使群众认识保甲的反动性质和我们对保甲的态度,初步认识新政权的性质、制度、作风等。因为我们的干部力量有限,保甲人员不可能一下全部撤换。为使其在撤换前能继续替我们工作,可召开保甲人员及群众会议,公开宣布保甲制度的反动性质,保甲人员在执行保甲制度时的反动作用,指出他们过去已经做了有害于人民利益的事情,人民是痛恨他们的。要求得到人民的宽大,必须立功赎罪,积极协助政府进行清查户口,检举盗匪,登记民枪等工作,任何消极怠工、包庇坏人、仗势敲诈、诬陷好人的行动,均应受到加倍的惩处。同时,对旧保甲长的使用,要采取高度集中的方式,并规定旧保甲人员的工作范围与权限,严防他们滥用职权的犯法行为。上述工作,可以限期一个月完成,必要时可由其取保书立具结。

第二,因干部力量与群众条件的限制,废除保甲仍采取逐渐的有步骤的方式进行,先进行试点,可以根据干部力量与工作基础,选一个或两三个保试点,然后根据力量进行更大的面的铺开,争取在3月中旬到3月底全部完成。不要草率从事,三两天做一个保,特别在试点时,更要多拿出点力量,多费些时间,以便取得经验和训练干部。已经训练出来的街干部,经过试点工作后,即可有计划地分配到需要撤掉的保公所中建立街公所的工作,并依靠新的街公所,发动群众,进行废除保甲建立街道新政权的民主斗争。一时尚不能派出干部建立街公所的保,仍命令保公所照常工作,直到我们训练出第二批街干部代替他们时为止,这也是可以公开宣布的。对于甲长亦是如此,未建立居民组选出组长代替他们的工作以前,他们也必须照常工作。

第三,整顿现有的工作队,洗刷隐藏的坏人和表现太坏的人,求得组织的纯洁,同时要进行初步训练,讲明目前街道工作的方针、政策与做法,求得工作的集中统一,消灭各搞一套的无组织、无纪律现象。培养过去工作中发现的积极分子(特别是职工运动中发现的积极分子),通过这些积极分子再去挂钩,扩大力量,给以必要的思想教育,作为改造旧政权的依靠。但又必须注意从废除保甲建立民主街道政权的运动中发现新的积极分子,并在这一运动中重新考查过去的积极分子。只有解决了积极分子问题,废除保甲建立街道民主政权的任务才能真正完成。

第四,由上而下与由下而上结合。居民组由行政上区划,一般不超过30户,以居住条件相接近为原则,不采取自由结合,对本组某人编为一组有意见者可以提出,但最后由行政上决定。组长可以设一个或两个副职,以便建立民主核心领导。组长选举时,可以由上而下地提出候选名单,由小组实行民主选举。街的大小暂不变动,街长暂由政府委派,下设干事4至6人。

(四)在废除保甲制度时,对坏的保甲长发动民主斗争,是完全必要的,不如此便不能提高群众觉悟,彻底摧毁旧政权,使基本群众在政治上翻身,当家做主人。因此,在进行保甲工作时,必须首先在工人、贫民军干属、店员中进行思想酝酿,发现积极分子,树立当政的思想,讨论对旧保甲长的态度(要不要斗争?如何斗争?),决定居民组长的候选人,然后再召开群众大会(可以3个或5个甲一起开),进行对旧保甲的废除,斗争坏的保甲长,选出新的居民组长。

但必须教育群众,着重反对保甲制度,不要把目标集中在斗争保甲长个人。"对于某些必须斗争的坏保甲长,在斗争方式上,也要采取说明、控告,要他赔罪，或请求政府法办等方式，一律禁止打人。对保长与对甲长要有区别，应当着重斗最坏的保长，而不应尾随群众过多地斗争甲长；并且对应当斗的保甲长，事先进行调查了解，区别其罪恶的大小，最好布置几个斗争会，在会上全部加以处理，不要零星地斗。保甲长在其任职时期，只是执行统治阶级的反动法令，而未变本加厉或加油加醋者，应采取宽大政策，允许其改过自新，并给指出其仍有光明前途，以便争取与改造他们。特别对一些基本群众出身的甲长，更应注意此点。某些保甲长过去虽有罪过，但在民主政府进城后确实表现积极并有显著功绩者，应免除或减轻其处分；反之，过去已有罪过，解放后怙恶不悛者应严肃处理。斗争坏保甲长时，着重斗政治，不要偏重斗经济，更不要追算多年的陈账，任意实行罚款。决定应否斗争时，需经区委讨论决定；而当决定给予经济处罚或徒刑、死罪时，须经市委批准。对于街道中人人痛恨的恶霸，也可以发动群众斗争，但事先亦须经区委讨论，市委批准。

（五）新的居民组虽不是城市民主政权的一级组织，只是街政权的细胞组织，但仍须慎重地选择组长。首先掌握阶级路线，即主要选举工人、店员、贫民军干属及某些劳苦贫民、革命知识分子和自由职业者，同时也应适当照顾正当职业者的户口比例，如在商人区可以选举部分商人充任组长或副组长。应当在干部与群众中明确宣布下列几种人不能充任组长，即官僚资本家、逃亡地主、旧统治的余孽、无正当职业者、来历不清政治面目不明白者。旧甲长中个别成分好，没有或很少做过坏事，解放后表现积极，而又为群众拥护者，也可以当选为新的组长，但一般的旧保甲长，应在群众中解职，并宣布在一定时期内不能担任街组中的工作。

在新旧交替时，被撤职的保甲长，须负责将该保甲的工作与户口交代清楚，并向群众表明态度，承认错误，在群众监督下改过自新，重新做一个好的公民。新当选的居民组长，应在群众面前宣誓，表明不贪污舞弊、不摆官架子、工作积极负责、办事大公无私。群众也可以表示拥护政府，服从领导，积极参政的精神。

（六）清查户口等工作，在摧毁保甲工作进行中，可结合进行。其方式可采取申报，群众检举，领导检查的办法。这也是自上而下与自下而上的结合方式。关于查出来的散俘游民，按市委规定分别处理，对来历不明者可以暂时登记，不发旅行证，加以控制。

中共沈阳市委

1949 年 2 月 27 日

北平市人民政府关于废除
伪保甲制度建立街乡政府初步草案

一、伪保甲制度为敌伪统治压榨广大人民的基层组织，伪保甲人员为敌伪要粮、要丁、摊派勒索的爪牙，人民对这些制度和人员都是非常痛恨的，因此，伪保甲制度必须彻底废除。

二、人民被敌伪长期统治，我们的工作又刚开始，人民觉悟程度和组织程度还不够高，经过人民代表会议选举的方式建立街乡政权的条件现在尚未成熟。

三、废除伪政权，建立人民的政权，是个发动人民群众的过程，须要相当时日。在这一过渡阶段，建立密切联系群众、代表人民利益、为人民办事的政权机构，确是十分必要的。

四、这种过渡时期的政权组织采取以下的系统：

甲、城区—区政府—街政府—闾（或居民小组代表）。

乙、郊区—区政府—乡政府—自然村（或闾）。

五、这种政权工作人员采取自下而上与自上而下结合的办法产生，其办法如下：

甲、委派我们的干部担任街镇长或副街镇长。

乙、街镇长以下的人员，最好能通过各种工作与各种运动发现培养积极分子与骨干，并提拔成为我街镇政府人员。

丙、提拔地下党员及知识分子，加以训练，并提拔工人学生中的觉悟进步分子来担任政权下层工作。

如以上办法仍不能解决干部问题时，可以在群众中选择公正的、有威信的而不是贪污腐化分子来担任街镇政权工作。

丁、从市一级旧职员中选择改造一批分配到街乡工作，在工作中继续加强改造。

六、在进行建立街乡政府时，应视领导力量、干部与积极分子状况逐渐、有计划、有步骤地实现，现各区正在选择基点进行实验，应将实验结果加以总结，报告民政，以便推广。

七、伪保甲制度则应明令彻底废除,伪保甲人员则应按各人情况,分别予以处理或使用。其中犯有严重贪污勒索罪行、为人民所痛恨的分子,应有组织有领导地允许人民清算说理,但不要形成普遍斗争运动,而引起全体伪保甲人员的普遍恐慌。在清算中,要用说理的方式,不要形成吊打恐怖。对一般作恶不多、贪污不大、群众痛恨不严重的分子,则可撤销其工作,让其向人民承认错误,给予戴罪立功的机会。对伪保甲人员(特别是甲长)比较正派、无贪污勒索行为、人民尚能谅解者,则仍应继续使用,在工作中加强改造。

八、新提拔任用的街乡政权工作人员和我们委派的街乡干部,每月待遇均暂以不超过200斤小米为原则,其办公费应按所管户数的多少计算,但每月不得超过200斤小米。

九、某些原保辖界可以合并,按城郊的具体情况,每个街以辖2000户以上、每个乡以辖1000户左右为标准,但可根据实际情况灵活变动。在合并街乡时,应不打乱原保范围,以免紊乱,并应当与公安局之派出所求得一致,以利工作。

十、在建立街乡政权时,必须发动群众、教育群众来进行,并启发群众觉悟,热心建立自己的政权。切忌使用简单行政命令和单纯地从组织形式上解决问题,必须把人民民主政权建立在广大人民的基础上,特别是工人阶级和劳动人民、革命知识分子的基础上。

十一、街(乡镇)政府的组织:

街(乡镇)政府设正副街长各1人,各部门业务设委员3至5人及文书1人,共9人(其中副街长兼民政委员,故实际为8人)分任之。

城内及关厢设街政府,郊外200户以上不足500户者设独立村,不再编乡。镇设镇政府,镇政府下增设工商委员1人,以下均设闾,闾设闾长1人。其合数小村设一乡政府,乡政府应设在适中或较大之一村,所属之村即设村长,不再设闾。

十二、关于街、乡、镇政府办公费及人员待遇标准:

甲、街、乡、镇及独立村政府办公费及人员待遇依下列标准分为四等:

1.管辖1000户以上者,设脱离生产人员7人,办公费月发小米150斤。

2.管辖800户以上不足1000户者,设脱离生产人员6人,办公费月发小米120斤。

3.管辖500户以上不足800户者,设脱离生产人员5人,办公费月发小米100斤。

4.200 户以上者可成独立村,不再编乡,其脱离生产者 2 人,办公费月发小米 80 斤。

上列街、乡、镇脱离生产人员,指定街、乡、镇长及通信员各 1 人,其余由区负责人视各员工作繁简、家庭经济状况核定之。独立村脱离生产人员为村长及通信员。以上脱离生产人员每月待遇不超过 200 斤小米。

街、乡、镇及独立村办公费包括笔、墨、纸张、书报、煤、水、灯、油及零星购置修理等杂支。

乙、街、乡、镇下设间,所有人员均不脱离生产。

丙、关于各街、乡、镇之办公费及人员待遇米,在市未统筹以前暂由区负责,由各该街、乡、镇负担,统一掌握。

1949 年 3 月

长春市政府关于废除保甲制、取消闾制，
建立居民组的工作初步简要总结(节录)

一

进长春后我们即采取自上而下地搭架子与自下而上地打基础相结合的改造办法来改造政权，在市区政权机构初步建立后，又委派了一批从后方调来的新干部代理街长。11月初，市府曾明令废除保甲制，但基于刚进城工作需要，一时又来不及改造，对原来保甲人员曾采取暂时利用其跑腿、送信、传达、通知，有职无权，发现坏的个别撤换，逐步改造的办法。但由于事多人少，我们又没向群众说明结果，实际上不少保甲人员还是有职有权(如发救济粮、贷款、发路条①、办落户，甚至有的街长把私章交给保甲人员)，继续作威作福，贪赃枉法，欺压群众(如长春区街保长贪污了群众的"救命粮"，难民不请客不给落户)，甚至勾结党特警宪、游兵散勇，抢偷群众东西，霸占出卡群众的房子，歪曲法令，在饥饿未复的状态下，强迫群众扭秧歌，造成群众对政府的对立与不满情绪，反倒使其得到合法活动地位。

为了摸索改造下层政权经验，市府民政局于11月上旬，派出工作组到长春区桃源街进行试点。经验证明，在解放初期(军管会已结束)，社会秩序安全的条件下，只要抓紧广大群众当前的迫切要求(如冬季燃料问题)，经过各种工作(埋死救生、发放救济、安家生产并开办夜校等)，发现培养一些工人劳动人民中的积极分子，经过民主教育是可以而且可能进行初步改造街组政权的。长春全区及其他区的一部分(约占全市五分之二的组)就是这样于12月底前改造了一部分组长的。

---

① 路条：一种简便的通行凭证。——编者注

二

1月下旬市委在布置半年工作中,提出了改造基层街政权的任务,□□的干部会上传达了中央对于保甲长处理的通报。当时准备于1月底2月初将全市所有保甲长撤换,取消闾制,产生出新的居民组长。接着市府召开了市内区长联席会,根据中央与市委指示做了具体的讨论与布置。因当时正处于阴历年关,一般是从2月初开始到2月25日结束,中间开了3次区长联席会(布置检查督促并总结汇报)。各区(除长春区于1月底即结束继续进行组长训练外),都经过了布置动员,准备力量(各区都感到人少组多,时间太短,后来使用了一批冬季受训的小学教员),进行试点。(头道沟区委组织力量在广安、东二条两街试点,民政局也派了一个组在宁波街试点。)10日前,街的试点结束后,再全面展开。实际上从10日至25日半月期间是运动普遍展开的紧张阶段。各街一般经过宣传酝酿,进行民主教育,搜集保甲长罪恶材料,发动控诉,培养积极分子候选人对象,以组为单位进行投豆选举①,以街为单位群众进行控诉。政府宣布保甲长解职,并责成其立功自赎,新组长举行宣誓就职,表示决心为人民服务。前后历时不到1个月。在全市范围内开展了轰轰烈烈的群众运动。这一运动一般说还是比较有计划、有步骤、有秩序进行的。在组织上全部撤除了保甲长,并全部向群众低头,向政府悔过,具结画押,完成任务立功自赎。一部分保甲长被政府扣押法办。群众自己选出5351名新的正副居民组长(工人占35%,加上贫民、独立劳动者等基本群众占80%以上)。有的区还选出一部分街、组委员,全部取消了闾制。群众经过了控诉与民主教育选举运动,政治觉悟上提高了一步。总之,经过了这一运动,基本上打垮了保甲制度对人民的统治,普遍产生了新的居民组长,打下了今后继续改造街政权的基础。

三

分清敌我,表明态度,坚决废除保甲制,一律撤除保甲长。根据中央指示,

① 投豆选举:选举的一种方式,以豆子代替选票。——编者注

市委布置,市府在第一次区长联席会上曾明确提出,必须坚决废除保甲制,一律撤除保甲长,并考虑如何执行中央通报的指示。长春解放为时3月,过去对保甲长,虽然未提出使其立功自赎办法,而今天要马上撤除,是否还是应当最后将他一军,还是将其轻轻饶过? 我们提出各区应首先召开以区或以街为单位的保甲人员大会,宣布撤职听候群众审查,并在撤职后仍给以立功自赎之任务。各区一般是执行了这一办法,但有的区街,未能先撤除保甲长职务,而是采取先发动群众进行民主教育、选择保甲长的办法。结果很费劲,延长了时间。后来在第二次区长联席会上转变了这一点,运动就很快开展起来。这说明政府对保甲人员表明态度,给群众撑腰是很重要的。又如在过去长春区选举中,曾发现一部分新干部中认为旧保甲人员可以采用,离了他们不行,清洗了他们,不又增加了失业的人吗? 个别干部在当群众揭发保甲人员罪恶时,自己觉得于心不忍,不愉快。这是敌我不分,没有群众立场的表现(长春区很快纠正了这点,并将已撤职未处罚的保甲长又召集来交代任务)。不了解保甲长是国民党统治人民的帮凶爪牙,不了解这些人过去帮助国民党抓兵、拉夫、翻粮、派款,勾结蒋匪,镇压革命力量,使用种种手段欺压群众,敲诈勒索,抢掠财物,霸占人妻,强占民房,随便打骂甚至逼死人命。群众对之已咬牙切齿,恨之入骨,必须坚决废除,一律撤除。特别在经过一个阶段的留用而未向群众表明态度的条件下,容易模糊群众对民主政府的认识。如长春区街群众说:"过去他们是保长,现在是闾长,过去的甲长做了组长,还是那一伙,还是他们打腰①。"甚至由于他们经常接近我们办理事情,某种程度上也模糊了我们某些新干部对保甲长的认识。必须分清敌我,表明态度,给群众撑腰,群众才敢控告保甲长,才能启发群众参政的积极性。(下略)

【选自《长春解放》1949 年 3 月】

---

① 打腰:方言,说了算,管事的意思。——编者注

张家口市建立各街人民政权①

　　张家口市人民政府依靠工人阶级,团结广大人民,彻底摧毁了伪保甲制度,建立了各街人民政权。在张市解放初期,为便利工作的进行,曾暂时使用伪保甲人员,但由于人民政府未给以严密控制和群众的监督不够,没有及时在群众面前宣布他们的罪恶,在政治上打垮他们的威风,因此,有的伪保甲长继续作威作福、欺压群众。张市人民政府乃于1月18日开始,组织与发动群众,对个别罪大恶极的伪保甲人员先行撤换,由第一次解放时我们的旧干部中较好的或积极分子担任工作;并在各区街召开工人、店员、贫雇农民、军人家属等小型会议,进行宣传酝酿,发动群众控诉伪保甲人员罪行,搜集材料,发现干部,准备充分后,即召开群众大会,揭露伪保甲制度的反动性,对犯有罪恶的伪保甲人员,发动群众尽情控诉。5个区参加控诉大会的群众共20000人,工人起了骨干作用。在广大群众压力下,一般伪保甲人员都向群众低头认错,宣誓在人民监督下,立功赎罪。截至上月底,全市62个街、27个村都建立了人民政权。在166名街村干部中,工人占30％,贫农占25％,其余为店员、城市贫民、独立劳动者、自由职业者,并有经理、商人3人。

【选自《人民日报》1949年3月22日】

---

　　①　原文标题为《张市发动广大市民　建立各街人民政权　两万人控诉伪保甲人员罪行》。

华东局关于接管江南城市的指示

我军渡江南进,江南各城市即将解放,特根据中央各种指示的原则与各地接管城市的经验,拟定下列接管江南城市的指示:

一

对新收复的人口在 5 万以上的城市或工业区,均应实行一个时期的军事管理制度。在占领城市初期,应指定攻城部队直接最高指挥机关军政负责同志与地方党政若干负责人组织该城市的军事管理委员会。军管会为该城最高权力机关,凡入城部队及党政军民机关与各接管工作人员,均须接受军管会的统一指挥。军管会的基本任务为:镇压反革命分子之活动,肃清反动武装的残余势力,恢复并建立革命秩序,保护人民生命财产及一切正当的权利,建立革命政权;保证城市政策的正确执行与有秩序地进行各种接管工作;协助工人职员青年学生及其他劳动群众组织起来,作为城市革命政权可靠的群众基础。在上述基本任务大体完成,城市秩序安定,一切市政机关建立并经过上级之批准以后,始得取消军管制。

二

在军管会领导下可委任市长并成立市政府。凡我党我军既定之各项政策,应以市政府名义公布;但凡带紧急性、临时性或试验性的处置,则可以军管会的命令行之。在进入城市实行接管之前,应多方收集该城有关材料(事先应特别注意收集该城地图及电话簿),调查该城一切机关、工厂、仓库的具体情况及位置,并针对该城的实际情况来建立接收组织和配备干部,以便入城后有计划有步骤地实行各按系统,整套接收。军管会要有足够的经过专门训练、纪律良好、有相当城市知识的警备部队、公安武装,以便看守工厂、仓库、机关、公共建筑物和巡逻街道,防止特务破坏与市民偷窃(同时各接收系统亦应各自配备看管工厂仓库之专门部队)。各部接收工作人员,应随同部队迅速入城,并事先准备好工作需要的运输工具与食粮之供给。对城市人民的粮食与煤炭的供给，亦须预做必要的准备。军管会入城后应首先注意恢复电力供给（使一切市政工业能够继续工作），迅速解决金融物价问题（使商人敢于开市做生意），迅速恢复交通秩序（可利用旧有警察徒手站岗维持交通），迅速接管各公营企业与公共机关，并注意防火消防工作与城市卫生工作。对一切接管之工厂，应安排工人按原职原薪立即复工。这是保护工厂、安定人心、解决工人生活问题的基本环节。我们对一切新收复的城市，必须做到接收得好和管理得好，并必须"从我们接管城市的第一天起，我们的眼睛就要向着这个城市的生产事业的恢复和发展"（二中全会决议）。

三

城市秩序的好坏，首先取决于入城部队的纪律好坏，特别取决于部队干部与接收干部能否忠实执行城市政策与能否严格遵守入城纪律。因此一切部队从军、政、后勤干部直到战士，一切接管机关从党、政、军、民、财经文教干部，直到勤杂人员，在入城前，必须普遍地反复地深入地进行党的城市政策的教育及入城纪律的教育与接管城市的经验教育。一切部队干部及接收人员必须坚决遵守下列入城守则：

第一，一切机关、部队、公营企业人员、采购人员、民兵、民工凡未持有军管会所发之通行证，或未佩带军管会特许之证章者，一律禁止出入市区及工厂区，严厉处罚一切破坏秩序、损坏公物及盗窃国家财产的分子。

第二，一切接收人员与入城工作人员，必须严格遵守"三大纪律，八项注意"，坚决执行人民解放军总部及华东军区所颁布的一切命令法规，严禁无纪律无政府现象。

第三，入城部队只有保护城市工商业之责，无没收处理之权。除易于爆炸和燃烧的物资，如炸药、弹药、汽油等，应迅速疏散出城，并呈报军管会处理外，严禁搬运机器、物资和器材，严禁擅拆车轮及零件。

第四，除敌方武装散匪及其他持枪抵抗的人员应加俘虏，及重要特务间谍与破坏分子和主要战犯应加以逮捕外，严禁乱打人乱抓人的现象。

第五，任何部队有收集散在战场上弹药、武器、其他军用品及军用物资之责，但无单独处理之权，必须开列清单呈报军管会由军管会转报华东军区统一处理。严禁各部队后勤供给人员离开本身职务投机取巧，乱抓物资或抢购物资。

第六,一切入城的机关及部队必须遵照军管会所指定的房屋居住,服从公共房屋管理处的管理与分配,并教育一切人员爱护公物及使用室内外一切新式设备与卫生设备的方法。严禁擅移器具设备,及盗窃破坏国家财产。所有部队机关一律不准驻在工厂、医院、学校和教堂。

第七,在战斗结束后,除维持城市秩序需要的一定数量的部队外,其他部队一律撤出城外,并在撤出前必须将任务移交清楚。一切驻在城内部队,应制定适合城市生活习惯的制度和规则。一切机关及部队人员不许在市内无故鸣枪,如需军事演习或练习射击时,必须得到军管会的批准,并须到军管会所指定的郊外地点演习。

第八,一切机关及部队人员应实行公平交易,不得强买强卖。所有部队人员及公务人员乘坐公共汽车,或进入公众游戏场所,必须照规买票。所有汽车及其他车辆入城,必须遵守交通规则并服从交通警察之指挥。

第九,一切机关及部队人员应保持艰苦朴素作风,不准私受馈赠,私取公物。反对贪污腐化堕落行为。

第十,厉行奖罚制度。对遵守纪律、遵守城市政策有功者应给予精神的和物资的奖励。对违反纪律违反城市政策者必须彻底追究,并依情节轻重依法处理。

四

我军进入城市,"必须全心全意地依靠工人阶级,团结其他劳动群众,争取知识分子,争取尽可能多的能够和我们合作的自由资产阶级及其代表人物站在我们方面,或者使他们保守中立,以便和帝国主义、国民党、官僚资产阶级做坚决斗争,一步一步地去战胜这些敌人"。同时当我军进入江南初期,必须集中力量消灭敌人及对各城市进行系统的接管工作,而尚不能进行有系统的全面的社会改革。因此我们在接管江南各城市时,应采取按照系统、整套接收、调查研究、逐渐改造的方针,以便力求主动,避免被动,并必须实行以下各项政策:

第一,对一切官僚资本的企业及其他各种公共企业,如工厂、矿山、铁路、邮电、轮船、银行、电灯、电话、自来水、商店、仓库等,必须一律接管。我们在接管官僚资本企业与公共企业时,应采取自上而下、按照系统、原封不动、整套接收的办法。同时必须严格地注意到不要打乱企业组织的原来机构。在接收阶段，一方面应责成该企业各原有机关的主要负责人负责办理移交手续，另一方面可以分别召集该企业各部工人会议或工人代表会议宣传政策，发动工人群众配合。如果仅有自上而下按照系统的接收，而无自下而上工人职员的审查和检举相配合，是接收不好的。对于接管来的企业的原有人员（包括厂长、局长、监工、工程师及其他职员），除个别破坏分子必须逮捕处分外，应一律留用，并令其继续担任原来职务。军管会只派军事代表去监督其生产，而不应干涉或代替其职务。如某个企业的主要负责人逃跑，或原有负责人劣迹昭著非撤换不可者，亦应从本企业中提拔适当的人员代理（如第一级负责人不在，可委托第二或第三级负责人代理）。对企业中的各种组织及制度应照旧保持，不应随意改动或废除。对旧的实际工资标准和等级及实行多年的奖励制度亦应暂时照旧，不得取消或任意改订。旧制度中有需要加以改良者，旧人员中有需要加以调整者，均须在了解情况后，再做必要与适当的处理。

第二，对私人经营的企业（加工厂、公司、商店、仓库、货栈等），及一切民族工商业的财产，应一律保护不受侵犯。私人工商业中如有股权不明或部分股东确为重要战犯或为官僚资本者，应一律暂缓处理，但可先行登记，加以监督，防止转移资金货物。对私营企业应坚持"公私兼顾，劳资两利"的方针。一方面要教育说服工人不要提出过高的劳动条件，致使生产降低，经济衰落，工人失业；另一方面，要严重警惕资本家故意消极怠工，或借故降低工人的实际工资及其他待遇。如劳资间有纠纷时，可由军营会召集双方调解或仲裁之。必须防止将农村中斗争地富、消灭封建的办法错误地应用到城市。同时对故意消极怠工的资本家，应给以适当的、必要的处罚。

第三，对国民党、三青团、青年党、民社党及特务机关等反动组织，应由军管会或市政府出布告、宣传解散，并没收其所有的公产、档案，严禁其继续进行任何活动。具体办法应遵照中央关于国民党、三青团及特务机关的处理办法处理之。对国民党政权机关人员及军事后方机关人员，除首要战犯及罪大恶极的反革命分子必须逮捕法办外，凡不持枪抵抗、不阴谋破坏者一律不加俘虏或逮捕，并应责成其负责保护各机关资财档案等，等候接收处理。这些人员中，凡有一技之长而无显著反动行为或严重劣迹者须经过集中训练、审查改造之后可以分别录用。江南各大城市解放后对保甲人员可暂时利用，使之有助于维持社会治安。其办法可按照中央关于暂时利用旧保甲长的通知具体处理。

第四，对学校与文化教育机关（如大学、中学、小学、图书馆、博物馆、科学试验室、体育场所等）应采取严格的保护政策。要迅速派人到各学校宣布方针，并与他们开会具体商定维持的办法。对原有学校（除国民党党校、军事学校外）一概采取维持原状、逐渐改良的方针。例如在课程方面，应取消反动的政治课本、公民读本，其余暂行照旧；例如在教职员方面，除去极少数的反动分子外，其余应一概争取继续工作。

第五，应建立各界代表会作为军管会和市政府在军管时期传达政策、联系群众的协议机关。各界代表会的组织和职责应遵照中央关于成立各界代表会的指示原则进行。

第六，我军进入江南应确定人民银行所发行的人民票为本币。对伪币金圆券应采取排挤方针，辅之以限额收兑。人民票与金圆券的比值及限额收兑的具体办法，应视当时情况规定之。

第七，我军进入上海、南京等大城市，应迅速出报纸及开始播音，以广泛宣传我党政策及政府法令、布告等。但一般标语口号，必须事先请示中央，得到批准始可张贴。对国民党、三青团及其他反动派的报纸、刊物和通讯社，应一律没收接管。对个人以私人名义经营而确实有反动政治的反共反人民的报纸、刊物、通讯社等，也可以没收接管。其反动政治背景一时无法弄清者，则应经过调查及法庭判决加以处理。对进步的和中间性的民营报纸、刊物、通讯社可依法登记，在民主政府指导下运行营业。对敌方政府军队及党部管理之电台，应全部接收。对大城市广播电台及广播人员的政策，应遵照中央指示的原则办理。

第八，对国民党监狱在押人犯，须经过审查分别处理。对革命分子应立即欢迎其出狱，对重大刑事案犯如盗匪犯、杀人犯等，仍宜拘留听候处理。对国民党司法机关的接管，应照中央关于接管平津司法机关指示原则办理。

第九，对新收复城市的旧有各种税收，原则上应该一律暂时照旧征收。除少数苛捐杂税（如防共捐、戡乱税等），应立即停止征收外，对一般旧有税收、税率及税则，应待调查研究后再行改革。在我税收干部缺乏的条件下，除对个别为人民所痛恨的旧税务人员应加处分外，对一般旧税务人员亦可暂时利用，以便逐渐训练改造或待将来再行调换。

第十，必须组织公共房产管理委员会，并在此委员会下设立公共房产管理处，统一管理与分配城市中一切公共房屋，不许任何例外。一切公共房屋连同房屋中的家具、设备、衣被、草木等在内，不论有无机关或个人居住和分配已否，一律归房产管理委员会接收和保管，并进行登记，造具清册成为国家财产。

对各城市公共房屋的具体处理办法,应遵照中央关于城市中公共房产问题决定的规定。对私人房屋暂采一律照旧缴纳房租的办法,以后房租亦应暂由房客与房东协议规定之。

第十一,凡属被国民党政府所承认的资本主义国家的大使馆、公使馆、领事馆及其所属的外交机关和外文人员,在中华人民共和国未和这些国家建立正式外交关系以前,我们一概不予承认,只把他们当作外国侨民待遇。但应予以切实保护。对教堂及一般外侨亦应采取保护方针。如外侨有犯罪行为应依法处理。但除现行犯外,必须先报华东军区,重要者则必须转呈中央批准始得逮捕与执行。对外人①所办文化教育机关及其他事业的处理,均须遵照中央外交工作指示原则执行,且必须严格遵守请示报告制度。

1949 年 4 月 1 日

---

① 外人:指外国人。——编者注

中央对《关于接管江南城市指示草案》的指示

(一)关于接管江南城市指示草案,中央同意,望即发布。

(二)根据平津经验,军管会能很好地接收城市及工厂的资产,但军管会不能经营企业,故军管会在接收后应迅速将企业工厂和物资分别交给各适当的负责的机关管理和经营,例如将市政工业及其他若干工商业交市政府管理经营,其他工商业,则组织若干公司来负责经营,否则很难开工营业,即使勉强开工,亦难长期维持。

(三)根据平津经验,新解放的城市,照旧收税是完全可能和必要的,但旧的税收人员因在群众中种下很大的恶威,群众不信任,故由旧人员去收税普遍遭到群众的反对和抵制,后来委任我军人员任税收局长并由我军人员带领旧人物去收税,发给我人民政府税收员的收条,人民才踊跃交税,这一经验,望记取。

(四)城市解放后,许多房客不交房租,房东亦不敢收房租,因此人心长期不安,军管会与人民政府对此不应缄默或长期不表示态度,应正式宣布除官僚资本之房屋应予没收外,一切私人房屋的所有权应予保障,房客应继续交纳房租,租金多少应由房客与房东议定,有纠纷者应由政府或人民法庭调解仲裁解决之。

(五)城市解放后,常有许多自发的工人斗争,有些工人店员在老板恐慌情绪下分了店铺和作坊。我们有些区委和支部任意处理劳资纠纷,因此在城市中常造成若干劳资斗争中的无政府状态,破坏我们的政策,故在城市解放后,应重新发表新华社的二七社论及其他若干关于工人运动的文章,并须规定每一城市的劳资问题及公营工厂中工人与管理机关的争执问题,均须经过市总工会及市政府劳动局审查和处理,军委会及党的市委则须派得力干部去指导总工会及劳动局的工作,使其能有效地解决一切劳资问题及公营工厂中工人要求问题,同时必须告诫支部和区委及其他机关,不要不经请示任意处理劳资问题。

(六)国民党的官僚资本企业中,大多有大批冗员及官僚制度。例如工厂中警卫科厂警等,工人职员对其十分不满,要求迅速改革,而这些人员和机构也可以迅速改革,故在确立工厂管理后,应发动工人迅速改革这些制度,以利生产。

1949 年 4 月 25 日

唐山市建政工作报告

一、当前各区建立街政权工作总结

区别	总保数	已选保数	正在进行保数	已选保占总保数
一区	11	2	2	18％
二区	11	4	0	36％
三区	11	3	2	27％
四区	13	4	3	30％
五区	8	4	3	50％
六区	9	1	2	11％
总计	63	18	12	28％

二、群众发动的情况

1.首先我们表明了坚决废除保甲制、民主改选街政权后，大大鼓舞了群众的情绪。但由于日寇与国民党长期黑暗的统治，解放后群众觉悟虽不断提高，但怀疑顾虑的情形仍然存在。譬如六区群众在开始酝酿控诉保甲长时，有的当着区里同志说"说过去的勾当干啥"，有的说"说了也是光说说拉倒"，还有的说"我说了，他当八路军，来个报复就坏了"。之后经过政府更坚定不移地说明今后必须是我们劳动人民掌权的态度和必须废除保甲长的决心，群众情绪与信心更为提高，经过深入充分的酝酿过程，才进入了实际行动的斗争阶段。

2.在社会救济工作和小本贷款工作中发现与培养的积极分子，成了这一运动的领导核心，很多人当选了街政委员，证明了在社会救济工作时提出"在这一救济工作中打下了今后民主运动的工作基础"是对的。

3.在选举中群众的情绪是空前提高的，群众在觉悟提高以后纷纷卷入了诉苦的热潮。六区的一个店员张德诉苦的时候，家里人找他去吃饺子，他也不吃，他控诉最坏的甲长刘万良说："顽军在这叫青年受训，我因家里来客晚去了半个钟头,他就押我 13 天,要把我赶出唐山,欺侮得我没法儿,只好搬到财神庙街去。"他一面诉苦一面哭,台下的人都跟着哭了。一个老大娘质问保长说:"国民党放粮时你为什么把粮食发给雇洋车拉回去的人?"三区一保保长丁绍武、甲长王凤歧摊派勒索、无恶不作。丁绍武在奉军时当过团长,回来后在小山当流氓,开窑子,现在还有两个姑娘。王凤歧自己盖房子叫大家拿钱。开滦工人现在搜集他们的材料,他们知道后打算逃跑,现已把他们送交法院押起来了。商人在经过教育后,部分也卷入了斗争。三区商人控拆在西湖饭店住的一个保长刘金明说:"他的妹子在鞋店买鞋不给钱,人家跟他要钱,他就在八一五限价给人家编了笆,结果这个鞋店还是请客吃饭了事",现在这个保长在群众的控告诉苦下已被送到法院羁押起来了。

4. 群众对于选举都是很慎重的,他们宁可少写一票两票,也不瞎写。如四区贾各庄李柏年选举 7 个村政委员时,因为只了解 6 个就选了 6 个,其他 1 个不了解就不写。还有 1 个组长选委员时想了一刻多钟,还只写了 4 个。新庄 1 个组长仅写了 2 个人,说"我不知道,不能瞎写"。由这些事实可以看出,在我党的正确领导下群众的政治觉悟已经大大地提高了。

5. 新政权建立后,首先是扩大与加强政府与群众的联系,政府与群众直接见了面。通过新的民主街政权,我们迅速了解了改选前所不能了解的各种情形,如唐山户口在国民党统治时期从来没有报实过,这次民主运动当中查出了好多漏报户口。土地也是一样,已往不纳税的黑地很多,这次也被查出来了。

……①

如一区八保建立新政权后,街政委员们非常积极,立即以生产为中心展开市政建设工作。该保朝阳东西街的石井,在解放前伪保长王景山曾计划要用 50 余石苞米才能修理成功,最困难的也得拿出一斗五升。新政权建立之后,街长王金铭、副街长陈配式亲自率领群众在 5 天内全部修理完竣,车辆民工全是在不影响生产下自愿出力的,买石灰、绳子等材料,仅仅花了两石棒子(玉米)。其他新选的街政权的类似情形很多。

8. 随着群众运动深入开展,反动分子也采取了公开的、隐蔽的以及各种不同的反动形式来进行活动,企图打入和破坏新的民主政权。如三区许多流氓团伙制造谣言,说要分东西,以致许多中农富农很恐慌。四区伪副区长王子玄

---

① 此处档案文件原件缺页。——编者注

居然当选上了街政委员,是不是他们有布置,现在调查中。西北井工人反映,矿警以前常打他们,工人们早晚上下班还得给他们敬礼,其中有个常振玉是国民党特务,整天坐在工人宿舍打听八路军的活动消息。六区国民党分子刘□□等进行活动,企图叫群众选他,其他还有秘密开会的。凡此种事实就使得我们不能不随时提高警惕性,经常和有效地给反动分子以适当打击,使他们完全无法存在。至于把这一次的民主运动密切地和我们公安司法工作联系起来,和对敌的反特反国民党的罪恶统治联系起来,也正是针对这种事实的策略上的灵活运用。

9.这次民主运动使我们进一步了解了帝国主义资本家与封建势力密切勾结以压榨剥削劳动人民的事实。如开滦矿过去把他们的矿地租给大地主刘凤池,刘再以高额地租转租给农民,开滦矿光收租子,其他土地等税一律都由佃户交纳。当这次群众运动开展时,刘还威胁群众,如果你们再闹,我就把你们的地交到开滦矿去,不给你们种。群众在我党领导下,并没有被他给吓倒,恰恰相反,还继续和他进行了斗争,而他和他的家人终于畏罪潜逃了。现在政府打算发动群众组织佃农委员会,直接向开滦矿方交涉地租,以免地主从中剥削。

三、街政委员会的组织与分工及街政委员会的产生

根据各保不同的群众条件与工作基础确定以下三种方法:

1.群众选举经政府批准。在工作基础群众条件较好的保可采用这个方法,因选举不见得能选好,所以经政府批准,凡经群众选举的只要没有大问题,不是被反动分子给操纵的话,一般都要批准的。

2.政府提名经群众同意,一般街政采用这一方法,但事先必须有深入的调查了解,真正与群众联系好、为群众所拥护的人。

3.政府直接委派街长,指定委员。工作太差、环境太复杂的街采用这一方法。

根据街的(原保的范围)大小确定街政委员的数目。一般设7个委员,街政权委员会设正副主任各1人,下设民财教(无学校者不设)、工商(农业村改设生产)、卫生(农业村不必设)、公安等委员。街公所脱产干部3人(街长1人,公安委员1人,事务员1人),户政干事由分驻所派人。街更大者设公务员1人,农业脱产干部适当减少。

四、今后意见

1.街政权建立后一个首要的问题就是新干部的培养与教育问题。这些干部大多是我们的基本群众,热情积极,肯于负责,但都缺乏正确的观念和正确的认识,对我党了解不够。如果不及时地给他们以适当的教育,使他们在现有的水平上提高一步,那么他们就很难在一股热情之后,继续地保持着经常性和战斗性,这是十分重要的。因此,市政办事处政务会议决定在不妨碍新干部和生产条件下,由社会局负责他们短期的轮流训练,以便把他们逐步提高到应有的水平。

2.街政权工作人员的薪资在未正式决定前暂依小学教员待遇发给,即街长 200 斤,治安员 190 斤,干事 170 斤,公务员 130 斤,户籍干事仍归公安局开支。

3.街政权组织形式在未确定前不必过于拘泥,应根据不同情况适当变更。农村不需工商委员,可设生产委员,但必须经市政办事处批准通过始可。如各街公所因工作太忙,都感觉到需要 1 个通信员,经讨论后如若可以就先设 1 个通信员。

4.为了迅速地发动群众建立新的民主政权,各区必须大胆发动群众、相信群众和依靠群众,任何的小手小脚的手工业方式和包办代替的领导作风,其结果只能使运动本身失败,而没有一点好处。如四区进行选举时公安局警员瑞□同志,因想选上自己,让选的人写假票被群众发觉,结果影响很坏,这是千万要不得的。但另一方面,我们也要防止因大胆放手而放弃了领导,变成了群众的尾巴,一切都由群众来支配,进而使反动分子找到了钻空子的机会,打入我们阵营进行活动,这也是不能忽视的。

1949 年 4 月

【选自《城市的接管与社会改造·唐山卷》】

中共长春市委关于三月份几个专门问题的
总结给东北局、吉林省委的报告（节录）

东北局、吉林省委：

1、2月份的综合报告早已送上。在1、2月份报告内，除了提到一般的工作情况外，因字数限制未能详细谈到几件专门工作，因此在3月份报告，特将下列几个问题做专门的总结报告：

一是废除保甲和取消闾、建立居民组的工作总结。这是解放后改造政权的重要步骤。最先是接收和从上而下撤换上层旧的主要人员，紧接着的第二步就是废除保甲、取消闾、建立居民小组工作。这对今后一切工作进行有决定意义。

二是接收城市、接收恢复市政企业和公营企业后的民主运动。我们在接收和进行适当地恢复，认为进一步的工作即是民主运动。否则亦不能新、旧分明，改造旧的制度，提高工人的觉悟和展开今后一连串的工作。

三是合作社工作。我们着手较早，这关系全市基本群众生产就业问题。故在3月份将上述三件主要工作分述如下。

一、关于废除保甲和取消闾，建立居民组的工作总结

进入长市后，我们即采取自上而下地搭架子与自下而上地打基础相结合的办法来逐步地改造政权。在市区政权初步建立后，又委派了一批从后方调来的新干部代理街长。11月初，市府曾下令废除保甲制，将保甲改为闾、组，并逐步进行改造。当时各区正忙于救济、恢复生产，市府民政局派出工作组到长春区桃源街进行试点，经验证明，在解放初期，社会秩序安定的条件下，只要抓紧广大群众当前的迫切要求（如解决冬季燃料问题），经过各种工作（救济、恢复生产、组织合作社、开办夜校等），发现、培养一些工人劳动群众中的积极分子，经过教育，是可以而且可能进行街组政权初步改造的。长春区全区及其他区的一部分（共约占全市五分之二的组）就是这样于去年12月底前进行的。根据中央对于旧保甲人员处理的指示，市委决定一律撤销保甲长、取消闾，产生居民组长。市府前后召开了三次区长联席会，作了具体布置、检查，于2月

份全市普遍地展开了这一运动。各区一般在2月上旬都进行了试点,十日后铺开面,成为运动的高潮时期,2月27日全部结束。经过了宣传、酝酿,进行民主教育,发动控诉,宣布撤销保甲长,选举产生新的居民组长。

(一)发动群众,控诉保甲长

保甲长帮助与代替国民党抓兵、拉夫、派款、翻粮食、敲诈勒索、抢夺财物、霸占妇女、强占房屋、随便打骂、甚至逼死人命,群众对这些人是很愤恨的。但开始群众还不摸底,不敢公开控诉,只是个别地秘密告发。因为我们刚入城后一时来不及改造,对保甲长采取了暂时利用(利用其跑腿送信,有职无权),发现坏的逐步改换的办法。但由于我们未向群众说明,又兼人少、事多,实际上保甲长还是有职、有权。在明令废除保甲制改成闾、组长后,只是换了一个名称。群众说过去他们是保长,现在是闾长,过去是甲长,现在是组长,还是他们那一伙,相反地倒给他们一个合法活动地位,继续作福作威欺压群众。如长春区反映某街保长贪污群众的救命粮;有的街长将自己手章交给保甲人员,不请客不给群众落户;甚至勾结党、特、警、宪、散兵游勇抢偷群众的东西;霸占出卡群众的房子;歪曲政府法令;在饥饿未复的状态下,强迫群众扭秧歌,造成群众与政府的对立不满情绪。

因此这次运动开始前,我们即提出坚决废除保甲制,一律撤销保甲长(如确有个别好的,再另行留用),以分清敌我、表明态度,并提出虽然撤了职,仍应受群众审查、监督和交清手续,授其任务,使其立功自赎。以区为单位开保甲人员会,再以街、组为单位开群众大会,宣布并可发动群众控诉其罪行。经控诉后一般可以宽大处理,个别罪重者交政府法办。各街群众均纷纷起来控告保甲长的罪行,如头道沟区宁波街王桂兰控诉四保保长谭先洲,抓她丈夫去当兵,饿死了她的儿子,把她押起来灌辣椒水时,激起台下群众的愤恨。和顺区三街十二组雇工刘香卫控诉旧七闾长给他吃劳金①时,挨打还不算,还勾结国民党五十二师部队到他家里翻粮。接着又一个控诉甲长康海峰调戏他家的女人,群众无不切齿愤恨。群众控诉后,保甲长向群众低头认错,向政府悔过自新,表示低首下心戴罪自赎。有的保甲长交出大枪、手枪、电台、战刀、散兵游勇谍报员名单,对勒索敲诈的钱、粮食过重者退还,有的罚其劳役打扫垃圾。群众经过控诉提高了觉悟,如□□□在他告发了保甲长逼散他一家人后,又说

---

① 吃劳金:靠做长工为生。——编者注

在长春解放后一家人又得以团圆,国民党害了我们一家,解放军又救了我们一家。

(二)宣传酝酿,打破顾虑,进行民主教育

各区街召开各种群众会议(如工人会、各行业劳动会、妇女青年会等)进行广泛地宣传,并普遍开办工人劳动群众的夜校,深入地进行民主教育,找积极分子进行个别谈话,反复解释敌、我政权的性质,揭露国民党政府保甲制的黑暗,宣传我人民政府的各种政策,说明工人劳动群众是主人,应该起来当家、掌权,启发群众控诉保甲长,启发群众参政的热情。

各区在宣传、酝酿、发动群众的过程中,普遍发现了群众思想里有很多顾虑,对保甲长虽然痛恨,但不敢公开控告。有的认为过去的事算了吧,告了也当不了啥,光得罪人。经过解释,表明我们的态度后,就有很多群众敢说了。特别是公开宣布撤销保甲长职务后,群众积极起来。但群众在对当选组长上还有很多顾虑,一般反映了三种情况:①误工;②怕办不了;③怕得罪人。如和顺区三街一个组长说,当选组长是光荣的,但我家的生产怎么办?有的说,我一个大字不识,哪能当组长呢?有的还怕坏人报复、打黑枪,有的还认为当组长是抓大头①。这些都经过了大会、小会、个别谈话解释,说明今天是人民天下,劳动人民应当掌权当家,大家起来才能整掉坏人,不再受那些保甲长的欺压。大家的事大家办,上面有街公所领导,居民组长只是领头人,今后组长不会太忙的,只要能为大家谋利益,不识字一样办事。打破了这些顾虑,积极分子带领着广大基本群众积极活动起来。有的说,这次非睁大眼睛选个好的,给大家办事不可。头道沟区宁波街居民 1156 户,参加选举的 986 户,占全街户数 85%,这说明了群众对参政的热情是高的。

(三)选举

原来计划居民组长的产生不一定选举,因为群众条件差,又急于将保甲长换下去,只是采取大会提名通过的民主方式,甚至可以采取委派代理等方式。但经过宣传、酝酿、民主教育、发动控诉,群众发动起来后发现了一批积极分子。所以各区的组长大部分还是选举产生的。选举前,首先发动群众讨论被选人的条件,以便保证好人当选,避免选上坏人。各区提的条件当中有"四选""四不选"。四选是:①18 岁以上未被剥夺公民权的;②历史清白、大家知底

---

① 抓大头:方言,负责主要工作。——编者注

的;③工人、劳动者、贫苦进步知识分子;④忠实、公正、热心能为大家办事的。四不选:①伪满国民党时期当过官、干过坏事的;②旧保甲人员、党、特、警、宪、地痞流氓;③18岁以下无公民权的;④患重残废不能劳动的。

头道沟区东二条、广安两街试点中,为了保证选好人,避免坏人当选,采取站队的办法。老住户的工人、贫民、劳动者、知识分子为第一队,新来户为第二队,党、特、警、宪、保甲长、游兵散勇、地主、大肚皮①、地痞、二流子②为第三队。第一队有选举权与被选举权,第二队、第三队有选举权,无被选举权。这种办法打击面过宽,孤立了工人劳动群众是非常不策略的,没有阶级观点。把新、老住户划开与随便规定取消选举权,当然也是不对的。我们发现后随即纠正了这个办法,影响到中华区有一个街的打击面(没有被选举权的)到50%,这是很危险的。因此我们之后又提出没有条件一般是不采取选举办法,可以找出积极分子暂时代理,经过一个阶段工作,考验其树立威信再选举。一般的选举方式是先经过群众提出候选人(3至5人),再由候选人作自我介绍,采取投票、投豆、举手等方式选举。在选举中,地主上层人物坏分子也在积极活动,想尽各种办法破坏选举,夺取领导权。如胜利区南街某地主说"穷人误不起工,找能写的没有事,耽误点工也不算啥"。头道沟某商人的少掌柜说:"我看,我们组选不出相当人来,还是原来组长(旧保甲长)当好了。"又如头道沟区汉口街提出一个伪满内政部大臣的儿子做候选人,被群众检举出来,要清算他,把他押起来了。但总的选举结果看来,还是基本群众占多数,从群众选出的5351名正、副居民组长中,工人成分占35%,加上贫民、独立劳动者等基本群众占80%以上。

(四)旧保甲长解职下台,新组长宣誓就任

新的居民小组长产生之后,各区都召开了街居民大会,宣布保甲人员一律解职,新选组长宣誓就任,并在大会上责成旧保甲人员的五条命令:①服从政府法令;②交出隐藏的弹药、武器及其他公产;③交出党、特、警宪、游勇散兵名单;④不包庇坏人,不做破坏活动,安分守己,改过自新,参加生产;⑤如有违犯以上行为,必受政府的严重处分,并具结画押,并当场号召群众监督。

在居民大会上同时宣布新组长上任,他们表现愉快,决心为大家服务,把事办好。全街举手宣誓:①要努力办好人民的事情;②坚决执行上级的指示,

---

① 大肚皮:方言,也称"大肚子",对地主或资本家的蔑称。——编者注

② 二流子:游手好闲、不务正业的人。——编者注

贯彻人民政府的政策、法令;③不贪污腐化,不徇私舞弊,不欺压人民,不摆架子,不要态度;④办事要认真负责,说话要和气,有事大家商量,不强迫命令;⑤虚心听取大家意见,欢迎大家批评。在不少街,会开得很隆重,到会的群众表示欢迎拥护。如头道沟广南街□金宝说:"新的组长都是大家睁大眼睛看清楚之后才投的票,他们老实厚道,一定能给咱们办好事情,大家该拥护新组长,当选的组长也应好好给大家办事。"和顺区三街六六组赵景海说:"你们要好好干,你们要忙的时候我帮你们。"

新组长受到人民的欢迎拥护,都感到光荣。和顺区新组长王有说:"我不会说、不会道,既然大家把我选上了,我就好好地给你们办事,我不贪污、不嫌麻烦。"三街廿六组新组长孟宪邦说:"我们光荣地被大家选为组长,有事大家商量,有错大家批评,我一定要给大家做个好组长。"头道沟宁波街廿二组新组长赵永春说:"过去的时候,有钱人所说咱们是手艺棒子,这回我也当上组长了,以后一定好好给大家办事。"

新组长上任后工作大都很热情,积极负责。宽城区菜市街新组长田凤阁,把生活无着的贫民领到街政府请示救济;中华区重庆街新组长张宝林(瓦匠)当组长后,积极帮助政府看管公家房子,并向群众宣传,这房子就等于我们自己的,要好好看管。有一个神经病老太太流落街头,经政府介绍,医院治疗无效,他又接回家去养着,老太太好了一些,他又设法通知她家人来接。新组长为人民办事热情,作风和蔼、联系群众,因而群众对自己选出来的头行人①满意称心。头道沟宁波街五二组有一个老大爷说:"现在新选的组长可真好,来开会的都是笑哈哈的,不像从前保甲长那样。"

(五)估计

1.这次改造居民组长的工作,在不到一个月的时间完成。全市的旧保甲长全部被换掉(过去已换的组长不好的,又换了一些),新的居民组长经民主选举产生。经过了宣传、酝酿,进行民主教育,控诉保甲长罪行,旧保甲长纷纷解职下台,新组长宣誓就任,气象一新,造成了轰轰烈烈的群众运动。在这个运动中,敌、我政权是一个很显明的对照,教育了广大群众,基本上打垮了国民党的保甲统治机构,建立了我们基层政权的细胞组织,为今后建政打下了初步的基础。

---

① 头行人:带头的人。——编者注

2.这次运动在领导上一般都是有步骤、有组织、有秩序地进行的。根据中央的指示,市委明确地提出了任务,市府作了具体布置、掌握,进行检查、纠正偏向,并派去工作组创造经验,发现问题。各区都经过了试点,再全面展开,很快地结束了这一运动。开始在领导上是要求很快换一茬,但由于时间短促(提出1月底、2月初结束,正值旧历年关,不可能进行,只得拖至2月初开始。事前有的区作了些准备工作,但有的区根本没有动),而群众基础又差,某些同志缺乏明确的政策观念,事前未经请示,不策略地实行了比条件站队的办法,随便规定选权的偏向。

另外,各区此次因参与改造政权的干部不够用,都使用了一批小学教员。但这批小学教员中,大多数是党团分子,让这些人掌握领导权,选举当然很难不弄出一些毛病(有的把卖大烟的小偷都选上了)。所以后来胜利区给教员规定两个条件,一条是不准选坏人,再一条就是一定选工人劳动者基本群众,并规定选出后经过区、街批准的办法。

3.选举结果从数目字①上看,成分很好,但城市阶层很复杂。北大马路益智书店经理宋一平给我们建议,有些成分是脱化②的,许多是过去折腾穷了。有些人是政治掮客,临时弄了个家庭工业,当工人膺选了。后来我们又在会上提出复查一下,并派工作组去各区检查,结果一般还好,但也发现确有少数组长伪造成分的。

4.国民党的保甲统治机构是为了其对人民实行统治,层次很多,保甲上面还有联保。人民政府为了及时反映群众意见与贯彻政策、法令,政权组织机构应尽量减少层次,决定街公所下面直接领导居民组,取消闾的组织。

5.在有条件建立居民组的情况下,应当坚决废除保甲制,一律撤销保甲长,并可发动群众控诉。这里主要是分清敌我,表明我们态度,区别敌、我政权性质的不同,在政治上给群众撑腰,打垮保甲制的威风(特别是在新收复城市中作用是很大的),才能启发群众的积极性,否则群众是不敢控诉与积极参政的。特别是我们开始利用过一个阶段,如果我们不表明态度,则很易模糊群众的认识。如很多街开始群众说"我们保甲长很好",但是撤除其职务后,群众便起来控诉了,参政的热情也提高了。甚至有的干部在利用了保甲长一个阶段后,认识也渐渐模糊起来说:"有些保甲长还不错,也可再当组长"。个别的干

---

① 数目字:数字。——编者注
② 脱化:方言,假的,伪造的,不可信的。——编者注

部表现了政治立场模糊、怜悯的观点,说撤了职不又增加了一个失业的么?必须明确废除保甲制、撤除保甲长,是敌、我政权的改变,这绝不同于在我人民政府下面平时进行改选。所谓好的保甲长,充其量也只能说他在除了一般地做了国民党统治人民的工具、爪牙外,没有额外做更多的坏事而已。但这绝不能作为我人民政权(特别是下层)工作人员的条件。但这种做法不是一进入城市就能做,必须要具备下列条件:第一是对要市民进行普遍深入地教育,让他们对我党有些认识;第二是对有一些工人和基层群众的组织基础;第三有把握区、街干部成为我们的可靠干部;第四是一般了解和掌握街组居民,发现一批积极分子等,才能实行。否则是会出毛病,而且不会收到应有的成效。

二、民主运动总结

(一)民主运动前公营企业一般情况

长市公营企业(据国民党 1947 年调查材料)共 119 家(市政企业除外),内铁工厂 40 余家,印刷、造纸、木材、制瓦共约 30 余家。1948 年 10 月长市解放后,所有工厂全部遭到蒋匪破坏,机械房舍大部分被拆毁,工人几乎全部失业。市政企业方面,如电业,全市共 36 条干线及市外输电线、变电所、变压器等被破坏过半。自来水,如净月潭、伊通河、南湖等水源地悉遭破坏,净水设备不堪使用。水塔、水门等全部被毁,90 余处漏水,下水道 3 年来未扫除,100 多处堵塞。电车原有 72 台,被拆得无一完整。我们解放长市后,经过抢修恢复直到今年 1 月,全市公营企业恢复者已有 23 个。内市政企业,如电业、报话、邮政、铁路、电车、自来水、汽车等已全部复工。电业已恢复干线 21 条,修好二号变压器动力电 16000 马力,共 879 家工厂用电,普通用电户 6000 余家,电灯12000 盏,路灯 4000 余盏。自来水水源地及净水设备已恢复,每日送水达10000 吨。修复电车 30 台,线路 5 条,33 公里,修复与组织民用汽车 140 余辆。恢复邮政局 13 个,电话 2700 余台。在 23 个公营企业中另有铁工厂 4家、印刷 3 家,香烟、火柴、造纸各 1 家,加工业 5 家,木材 2 家,燃料、煤气、火砖、石灰、窑业、建设各 1 家,市医院 1 家、工业研究所 1 家、度量衡 1 家。个别工厂如火砖、窑业、石灰外,已全部开工。职工共 11845 人,内职员 9695 人。

(二)民主运动开展前各企业管理中所存在问题与民主运动开展的先决条件

民主运动的开展是在整个工作经过了组织、宣教、抢修的基础上提出的。

第一,这一时期职工当中混乱思想已得到了克服。长市解放后,不少职工在国民党反动统治的欺骗、麻痹下,对我党城市政策存在许多怀疑、顾虑,当时职员当中曾普遍存在"怕斗、怕撤职、怕工人报复"等心理。广大工人要求复工,解决生活困难,要求工资,认为共产党来了,这回可得翻身啦! 而少数工人甚至存在分①资本家的思想。经过组织、宣传教育后,职工当中这些模糊思想基本上是得到了解决。在抢修中,职工发挥了无限的热忱和创造性,在冰天雪地中完成了艰巨任务,并涌现 320 个功模,这就是一个证明。第二,有步骤地解决了职工当中一般的生活困难,使之对我党的认识提高一步。如在抢修期中,职工得到了大批救济,总计发放救济粮约 200 万斤、衣服 4000 件。特殊困难者由政府帮助安家过冬。经过普遍评薪,工人最低的生活水平得到保证。在我党的实际行动和影响下,工人感到共产党真正是给工人阶级谋利益的,因而也就对我党更加接近与拥护。第三,由于各公营企业普遍组织了工会或筹委会,大量吸收了会员,团结了广大的职工,工会工作开始活跃起来。

但在整个生产管理方面,还存在不少问题,因而也就严重地影响了工人阶级觉悟的提高与劳动态度的改变,表现在以下几个方面:

1. 新的企业管理制度与旧的官僚资本主义残余制度相矛盾。如电业局旧营业科长鄂毓钟、仓库主任申祖炎、香烟厂股长戴明信和谢慧卿、自来水旧厂长杨涤、火柴厂旧经理徐景阳、电车厂伪监督刘长庆、工业研究所伪院长史书林和主任田景和等,在国民党统治时期有的身为接收大员②,有的在政治上与敌勾结一起,对工人曾进行过残酷地剥削和压迫。如鄂毓钟、申祖炎在国民党时期为了贪赃肥自己,致使 20 余名工友被逼饿死。香烟厂戴明信、谢慧卿,勾结特务,欺压工人,并打死女童工 1 名。这些人物在长市解放后仍在工厂作威作福,不断轻视和辱骂工人。(略)

2. 企业管理中由于官僚主义的存在,在思想上与党的政策相对抗。有的干部甚至忘掉了自己是属于哪个阶级,忘掉城市工作所要依靠的是谁,对待工人任意辱骂,不合心意随便开除,不让工会主任参加会议,谁如积极提意见,就给谁戴国民党的帽子。长春制粉厂保管员相全三是个退伍军人,以铁棍打坏工人手臂,并企图枪毙工人。长春燃料分公司不仅保存把头制,并任意降低工

---

① 分:区分、辨别。——编者注

② 接收大员:国民党依据 1945 年制定的《行政院各都会署局派遣收复区接收人员颁发》向各大城市派出的特派员或接收委员。——编者注

资,甚至组织落后职员向职工总会工作同志作斗争。有的同志自觉或不自觉地承袭了统治阶级旧的企业管理制度,不加取舍,保留下来。在观点上认为厂长的责任只是经营筹划搞生产,至于如何依靠多数工人,往积极方面发挥工人天才与创造性,共同管理工厂,这种思想异常模糊。单纯强调行政命令,对工人意见置之不理。有的对旧职员和技术人员无原则迁就,忽视改造教育,倾听少数能拍马、逢迎的职员而不面向工人群众。(略)

3.因此达到企业管理民主化,首先必须解决现存企业管理制中某些不合理的现象,必须在广泛的民主原则上,启发工人群众敢于发表意见,敢于向一切不合理现象进行建议和批评,求得主人翁思想的树立和现在制度的改进。

(三)民主运动经过

民主运动是在去年12月下旬提出来的,直到今年1月下旬才逐渐展开。检讨当时未能全面展开的原因不外有以下几点:①某些行政干部对民主运动认识不够,没认识到民主运动正是达到企业管理民主化的基本因素,而新民主主义企业管理制度与官僚资本主义企业管理制度是有基本原则的区别。新民主主义对企业的管理在于依靠全体工人,团结职员,依职工自觉的劳动热忱和积极性在民主集中的统一管理下参加生产管理,这与官僚资本主义依靠少数人员、依靠行政命令,作为统治工人、压迫工人的剥削制度显然有所不同。②某些行政人员和管理干部存在忘本思想和官僚主义,有意无意地忽视和阻碍这一工作。③片面地把民主运动看成解决职员与工人当中的矛盾,认为我这里没有旧职员就没有民主讲理对象,因而民主运动可不必进行。

为了展开民主运动,市委会于2月初召开党、政、工各级负责干部联席会议。在会上进行了深入动员,并公开批评了燃料公司"右"倾思想和火柴厂官僚主义,教育全体干部,这对民主运动的推动起到了决定作用,并经各级负责干部向群众表明态度,公开进行了自我检查与批评。如电车厂厂长不仅在群众大会上批评了自己官僚主义,还提出不报复等五大保证,因而消除了工人群众的思想顾虑,坚定了信心,造成了民主运动的热潮。

在方式方法上,一般都采取了诉苦、讲理、批评、检讨等。但在诉苦当中,产生一些偏向。如有的单位把诉苦看成为了找讲理对象,未往积极方面揭发反动统治者罪恶,加深阶级仇恨。有的单纯背诉历史,固定形式,无苦还要诉苦,甚至诉到自己头上,把诉苦变成了坦白会。有的把诉苦看成儿戏,在诉苦中有哭、有笑。有的怕诉出苦来不给解决,有的认为诉了白诉,已成过去的事了。领导方面对此种现象曾及时进行了检查与克服,终于引导民主运动正常发展。一般来说经过诉苦的方式,无论在启发工人大胆发表意见和对主人翁思想的提高方面,都收到了很大成效。

在组织领导与政策掌握方面,领导上能及时地掌握运动的发展,防止"左""右"可能发生的偏向。在民主运动未发动或展开之前,工人当中还存在不少顾虑。这时领导上及时向群众进行了深入动员,说明民主运动意义,同时注意把领导意图交代给群众,让群众摸底,敢于大胆提出意见和讲话;并在运动中不断进行主人翁教育,说明工人阶级现在同过去所处地位的不同。在运动展开后,并及时向群众进行政策教育,使政策与群众相结合,同时注意克服了"左"倾的偏向。如电车厂在酝酿讲理对象时,群众普遍存在"左"的情绪,在代表大会上有的主张"枪毙",有的主张"痛打一顿",有的说"这样做、那样做,到不如来个干脆"……工会同志进行说服和解释,而领导同志还认为解释过早,会泼冷水,使群众情绪受到打击。代表提出 30 来个对象,经再三审查只有 5 个,而代表们感到不满,认为再多几个才好。经过 5 天政策教育之后,这种"左"的情绪才得到克服,才保证讲理大会的成功。经验证明,如电车厂不经过政策教育,就不会收效这么大,相反可能会功亏一篑,得不偿失。自来水厂这点做得不够,致使职工在民主大会上提出过"左"要求,发生罚跪、谩骂等现象。另外在政策中也要注意防止机械搬运农村土改一套,如有同志提出"要大胆放手,走群众路线""要分清好、坏人,我们应该拥护谁,反对谁"。还有的没有讲理对象,硬找讲理对象,认为民主运动就是要召开一个讲理大会,才觉过瘾。下面执行的个别同志不从政策出发,未深刻认识到民主运动是改造旧制度、建立新制度,民主运动不仅不是为了斗争旧职员,相反是为了争取改造、教育、消除职工当中隔阂、成见,以利团结生产。只有少数罪大恶极、为群众所痛恨者的旧的单纯的管理人员,应分别轻重,才能当作异己分子予以不同处理。因此在发动群众中加强城市政策、企业管理教育乃是很重要的环节之一。

(四)民主运动的结果

民主运动是达到企业管理民主化的决定因素。这是长市四个来月民主运动主要的证明。表现:①在民主运动中不仅解决了工人群众有史以来与旧的官僚主义统治者的矛盾,而且使工人群众深刻地认识了统治阶级的罪恶;②清除了长期被统治的旧的雇佣观念,形成了新的公营企业主人翁的阶级自觉;③表现在所有进行过民主运动的企业,都呈现出了一番新的气象,生产制度有了

改进;④工人阶级的觉悟与劳动情绪已空前普遍地提高了,真正表现了一种新的主人翁姿态。(略)

但民主运动的归宿不单表现在工人阶级的觉悟提高,这仅是一方面,而更重要的在于如何巩固这种果实,保持这种情绪,将这种成果引到高度,建立新的生产制度,改变旧的管理方法,并对群众意见做有系统地采择,树起新的民主作风,并认真选拔优秀分子参加工厂管委会,给今后企业管理打下基础。现工厂管委会的组织只在电车厂、自来水厂、矿山、机械工厂、香烟厂、第一锯木厂、东北书店印刷厂等刚开始成立,而其他各个单位仍在筹备①。在干部思想当中认为民主运动现已结束,多少存在满于现状思想,未把运动继续引深下去。表现在,工厂委员会不但未抓紧成立,各工厂新的企业管理制度,如厂规、劳动纪律、组织机构改革、分工专责制、经济核算、产品标准的订定等收效还不大,甚至许多行政管理干部还未对此引起重视。这说明依靠群众管理工厂的思想还未完全明确树立起来,这是值得注意的。

【选自《长春解放》1949 年】

---

① 原文按:条件都已具备。

北平市人民政府接管工作总结

一、接管简述

政权系统接管的方针是两种形式:第一,权力机关,如市府首脑部、警备司令部、警察法院,立即派人接管;第二,凡企业部门、技术部门则先派代表去了解情况,熟悉业务之后,先后派人接管。于是在接管中有代表制之运用。

自 2 月 3 日正式宣布接管后,迄今已两月又半月,计市府各局(除卫生局、地政局尚未正式接收外)、各处、各区政府及所属各学校、各企业单位、各医院等已先后接管,各单位文物、人员处理,另有表报。

(一)市府计 9 局、5 处、2 室及 20 个区政府。

(二)各学校原市立中等学校 16 所,除体专与师大体专合并外,共已接收 12 个中学;市立中心小学共 20 处,已接收 15 个。其他如热蒙帅范、成达中学已分别由热蒙自治政府及回民委员会接管,由我教育局协助办理。

(三)企业部门经准我们接管的共 11 个单位,其中 3 个是国营性的委托市办,如门头沟煤矿、清河制呢厂、燕京造纸厂;其余市营的如酱油厂、制冰厂、砖窑、民生织布厂、北平机器厂、度量衡工厂、自来水厂、公共汽车公司。

(四)医院经我们卫生局接管者共 25 个单位,包括 11 个医院、7 个卫生所、2 个药库及卫生局卫生稽查队、处理粪便事务所等单位。接管旧人员 860 余名。

(五)一般生活。各局、处成立了伙食单位,建立了寄宿舍,建立了办公制度、值班制、星期休息制,建立了学习生活制度,并规定每礼拜六为学习日。

(六)建立了各种工作委员会及各种会议,以辅助领导工作,计有政务会议、市政会议、财经委员会、城区工作会议、郊区工作会议、治安工作会议、教育会议,分别督导各局、处工作。

入城以前的政策学习,搞通干部的思想,规定入城守则,给顺利接管打下了基础。接管过程中,同志们普遍表现出艰苦耐劳与积极负责的精神,能做到谨言谨行的作风,除个别同志犯了错误(如有的同志串通旧人员盗卖接管物资,现已撤职查办)外,一般的均能执行党的政策,完成任务,遵守纪律,使接收的工作能顺利完成。管理方面,在学习城市工作、了解业务等工作还做得不够,某些从老解放区来的干部,由于无城市工作经验、文化水准较低与不善于团结党外人士,因此工作效率亦较低,于是表现对城市工作、对城市生活不习惯,无趣味,而愿返回乡村去的错误思想,不懂得今天党的工作中心应由乡村转入大城市,与应由城市领导乡村的重要性。其次,某些干部有固步自封、自以为是的自满态度,轻视旧人员与否定一切和不自觉地表现出宗派思想,在初时也是相当普遍的,经过几次会议的批评检讨后也有些转变。

二、两月来几件中心工作及其经验教训

甲、代表制

(一)产生代表制的客观原因:第一,由于和平接管,有系统地接管,旧机构原封未动。第二,我接管干部太少。第三,对市政各单位的业务不熟练。第四,为了维系各局处业务不致间断。

(二)代表制的任务:第一,深入调查研究,了解人事。第二,监督旧人员继续行政工作。第三,学习业务。第四,签署命令及各种外行文件。第五,掌握印信。第六,建立代表办公室,按时办公,督导各联络员、工作人员的工作。

(三)行使代表制的收获及缺点:第一,运用了旧人员,继续为我们服务,执行我们的政策。第二,利用少数干部领导并管理多数旧员工。第三,便于我们了解情况,及时顺利接管。第四,争取时间,以便有计划地、适当地处理旧人员。第五,向旧人员学习业务。

可惜,第一,由于我们事先对和平接管的方针未有足够的精神准备,对如何争取并团结党外人士还有些模糊思想。第二,接管代表和联络员、工作员数量太少,未能尽到监督领导旧人员之责。第三,我们某些接管人员对各单位业务不熟悉,对我党各种政策也较生疏。第四,缺乏对旧人员的宣传教育。第五,行使代表制时间过长,有些同志表现出急躁不耐烦。第六,对代表制本身不了解,太一般化,如法院、税务局等未及时接管,使业务遭受某些损失。

(四)接管过程中代表制应否存在?这个问题的答案是肯定的,尤其和平接管的方针,有它存在的价值,但不一般化地行使代表制。权力机关——行政首脑部、公安局系统、司法部门、外交部门乃至税收部门,必须立即接管,其他业务性的与技术性的各部门应行使代表制,甚至较长久的时间使用,以便我们争取时间做各种必要的准备。至于使用代表制的过程中的某些缺点,如司法部门与税收部门久悬未接,那是我们运用的技术问题,而不是代表制本身的存废问题。

乙、对旧人员的问题

本市应由财政局供给人员共 32000 余人。其中公安局系统 13000 余人,各学校教职员工及应救济学生约 10000 人,各企业部门的行政人员约 1000 人,直接属各局处单位 4890 余人,各区政府约 2000 人。

对旧人员的了解,我们得助于地下党的同志的帮助很大。经验证明,哪个部门保有地下党的同志,哪个部门的情况就容易较全面地了解,处理旧人员也较周密;哪个部门没有地下党的党员,工作就较难进行,特务分子也难整出来。

经验证明代表制的运用,对于我们工作帮助特大,当我们接管力量单薄而具体情况又极端复杂,如不是用代表制的办法,使我们有充裕的时间来进行调查研究,要想把旧人员分别处理,将成为不可能。

(一)根据我们的初步了解,大致可以把全部旧人员分成几种类型

第一种,国民党员,而且曾有过特务活动的人。属于这一类的以一般高级职员较多,在各部门来说,以社会局、财政局特多。在北平解放初期,这些人暂时停止了活动,当发现我们人手过少,忙不过来,有了某种罅隙,而对付特务又无经验时,则继续其反动活动。例如解放以后,他们曾利用"左"的面孔出现,操纵职工联谊会,组织请愿,借职工联谊会的外衣召开会议,联谊会被解散后,又利用合法方式,如请发放配给布、配给粮等,向市长请愿,或则暗地讥讽造谣活动。经上月送走一批后(送公安局清河大队受训),这类分子的活动现在较为少些了。

第二种,也是国民党员,但尚未发现其特务活动。这些人之中,有的是被迫或者投机加入了国民党的,本身的政治活动较少,北平解放后,有些表现很积极,做事言行都很小心,生怕把他当特务看待,学习也很热心,对我们存着畏惧心理,想接近我们,但有顾虑。

第三种,是所谓"几朝元老",对政治上无认识,也无兴趣。这类人是抱着"混饭吃"的态度,谁来谁是主人,政治上虽无问题,但思想上有毛病,作风有官僚主义与文牍主义的劣根,旧人员中这一类型的特别多。

第四种,思想比较进步,政治上愿靠近我们,对工作有热情,愿意学习,成分也较好,贫寒的较多。这一类的人极少,但对接管工作与处理旧人员,有不少的帮助。也有故作姿态装作进步的面孔,表现积极,敷衍"土包子"的。

(二)处理的方针

1.对上述第四种类型的人员,固然争取留用,但对第二、第三类型的也尽

可能地留用,希望从工作中去帮助其进步改造。

2.凡可能改造的,除分送华北各大学外,再开办行政人员训练班,予以三个月之短期训练,经考核后再分别录用。

3.死硬派的特务分子及有重大特务嫌疑者,送公安局办的清河大队受训,仍以争取改造为主。

4.老朽无能或不愿留用者,听其转业或遣散回家。

(三)经过调查了解后,分别处理如下

留用人员 3155 人,占 64.54%;送行政干部训练班 540 人,占 11%;资遣回籍的 556 人,占 11.4%;送华北各大学的 314 人,占 6.4%;开除的 77 人,占 1.5%;送清河大队 159 人,占 3.3%;转业的 89 人,占 1.8%。

(四)旧人员的情绪反映

1.解放初期旧人员的心情相当惶恐,怕旧机构打烂[①],怕失业,怕交代不清要受处罚,怕被认为特务或受连累,而有杀头之虑。

2.代表制为时较长,许久未见正式录用,加之我某些同志领导方式不好,形成无事可做,照例上办公室,下办公室,但不知今天下了办公室,明天还要不要你上办公室。送走了一批去清河大队受训后,特务乘机造谣说这是第一批,还有第二批、第三批呢,反正共产党不会要你,要地下党的来补充,形成普遍的彷徨不安。

3.对特务送去清河大队的反映(关于去清河大队的经过专门有一个总结材料),有些旧人员说:"共产党眼睛真亮,对人有分寸,这些人(指特务分子)早就该送走"。另外因为我们对送清河大队的也基本是采取争取改造的方针,所以送走的人还发给半月薪金,其家中有特别困难的,还给以个别照顾。因此有人说:"共产党太宽大了,对待特务分子也这样客气。"

4.对留用旧人员的反映

(1)共产党观察人大致上正确(90%),把坏人都淘汰了,但还有少数的不好的人应继续淘汰,如中央政治学校毕业的,工作不踏实的。

(2)科长股长留用的多,反而把下层的裁去很多。

(3)留用了些老先生,反而把青年摒弃了;国民党员留用了不少,无党无派的却也被淘汰了不少。

---

① 打烂:方言,意为打乱。——编者注

（4）还有些薪水拿得多，工作做得少的还留着。

（5）共产党来了是要换一批人的，但遣散多了，失业的多了，也是共产党的麻烦事。当然，这些反映不完全合乎事实，而即是留用的人，也是经过审查的。

对旧人员的处理，除地下党同志随时供给了些必要的材料，及由于和平接管方式，保存了人事处卡片可供参考外，我们各局处干部于起居工作学习等，能逐渐与旧人员接近，进行了解，发现旧人员中的较好分子与靠近我们的积极分子，并从而了解潜伏的特务分子、腐化分子，及时宣传我党政策，这是对处理工作有极大帮助的。

目前悬而未决的问题是留用人员的待遇。旧人员一家大小是靠薪水生活的，生活能安定，就可以使之安心工作和提高工作效率，也容易改造，长远为人民服务。

丙、建政概况

（一）街政府的建立过程

1.先建立街政府，然后再由街政府组织闾（如第十区）。

2.先建立闾组，再由闾组产生街政府（如第二区）。

3.街闾同时建立（如第三、第六区等）。

全市人口（通县、沙河在外），仅就民政局户口统计计算，若将各驻军、各机关、学校、工厂统计在内，可能是235万到240万。

（二）一般情况及经验教训

1.城区计划建立187个街，现已完成者66个街，其百分比是35％。郊区计划建立270个街乡，已完成者有220个，其百分比是81％。根据各区报告，5月15日前能全部完成。

2.在建政中，各区对依靠工人阶级及劳动人民已相当注意，并加紧进行教育。如开办工人夜校、妇女识字班、积极分子训练班等，但不够普遍，教育的组织领导不够完善。

3.各区在建政中已注意到结合生产工作，郊区宣布"谁种谁收，不得无理解雇"的政策，结合农业生产；城区有的组织合作社，通过合作社来建政，及解决新的积极分子的困难，但未能普遍推广。

4.各区发现积极分子，一般是与兑换伪金圆券、卫生、治安、劳军等工作结合的，故成分尚好，但积极分子对党政策的了解及为人民服务的思想不够明确，今后必须注意积极分子的改造教育，经常在工作中进行，并适当注意积极分子的家庭困难，不要经常开会误生产时间，群众与积极分子均反映我们开会过多。成分一般工人、劳动人民、学生居多，而对社会进步人士，则未吸收其参加政权，这样会形成劳动人民的孤立。

5.对保甲人员处理，一般均经过群众大会，宣布其罪状，打击其威信。但有些区我们同志收集具体材料，教育群众不够，在大会上让保甲长坦白，保甲长说出许多困难，说要粮、要丁、派款，工作是上级派的，不许不干，结果反而保长诉苦，糊涂了群众。同时在保甲长说理斗争大会上，各阶层群众均参加，其中有许多伪军家属、反动势力家属，因而上面说理，下边骂我们，诉苦是为教育群众，启发阶级觉悟，不应开各阶层的大会，应开贫苦人民及受压迫人民大会，必须准备成熟，加强领导。

（三）在建政过程中所发生的偏向

1.对保甲人员使用上，有些区把暂时利用的伪保甲人员当作自己的干部一样使用，如有的区通过保甲长去找积极分子，有的区让甲长去组织妇女，结果，混入一些破落户和敌人的保安队，成分既不纯，又变成强迫性，失去发动群众、组织群众的意义。

2.有些区在领导上抓得不紧，计划性与方针不明确，如有的区开训练班，吸收积极分子参加受训，但是积极分子不纯，训练的内容很多，最后没有布置具体工作，因此积极分子回去后，自由工作，有的自发地去借粮，侵及中农利益。

3.对宣传教育工作，做得不够深入与普遍，因此一般群众思想上不成熟，为了生活，怕耽误时间，不愿参政，强调自己不会写不会算，这系群众的实际困难，必须注意到强调思想觉悟而忽视了这一实际困难是错误的。如何克服，应进行阶级教育，使群众对新旧政权有了不同的认识，认为自己多出粮款、受穷苦、受压迫，就是政权不是自己的，自己的政权自己应当来管，使人民感觉建立人民街政权是必要的，自己没有能力、不识字可以慢慢地学，如第十三区十八街闾长们自动组织夜校，学习如何办公，告以具体办法，他们信心就提高了。

三、几件未完成的工作

（一）废除保甲制与建立街乡政权问题，这一工作酝酿最久，在工作过程中，也有些同志犯了急躁病与过"左"的偏向。如有的区工作组下去后，即刻宣布废除保甲，形成黑漆一团。有的区斗争保甲长过多，扩大了打击面，孤立了自己。街政府普遍建立了，首先建立了中心街政权，采取突破一点，取得经验后，推动全面。

目前城厢区的中心工作是整理户政，组织生产。郊区的中心工作是调整公地，加强生产。

（二）清理垃圾这一工作，早在 3 月初就发动了，当时估计全城要消除垃圾 22.5 万吨（2 月中旬估计约 18 万吨），需要的运输力是相当庞大的，后因运输工具未能及时领到（50 辆汽车迄今未拨到），影响清运工作及时完成。

经各区同志努力动员，特别是四十一军指战员的努力，清户清巷工作基本完成了（只七区还有部分正在运送中），共计运出 7 万余吨，唯各待运场待运至消纳场的垃圾，尚有十五六万吨之巨。目前最大困难，由于每日继续增加 1700 吨垃圾，需要 45 辆卡车、1400 辆手车的运输力，才能保持经常清洁，从前积存的十五六万吨垃圾，正设法组织以工代赈的临时清洁队及包价包运，估计还需 1 个月之时间，还需要千万巨款，可告完成。

（三）整理摊贩与交通管制，过去我们虽曾注意，也召集过有关部门讨论，唯因缺乏有经验的干部，致这一工作拖延至今未加整理，汽车肇祸日有所闻。三轮车、自行车的登记工作根本未办，摊贩满街阻塞交通，亦无人管。造成上述严重现象的原因：第一，进城以后，对上项业务究属何部专责，未有公布明文法规；第二，旧警察和路警消极怠工，或怕管理，抱着不得罪人的态度放弃管理；第三，从老解放区来的同志，无管理大城市的经验；第四，市民利用局区间及各局间之罅隙，自图私利，而不顾全大体。现正着手：（1）办理车辆登记及摊贩登记；（2）公布各种法规；（3）设大摊贩管理处，规定摊贩营业税则；（4）加强警察、路警的政治教育。

（四）健全领导，加强学习。市政工作领导上太弱，这是无可讳言的，每日徒徒忙于日常事务，致使某些带政策性的决定和法令反而无时间研讨，未能及时颁布，使工作遭到不应有的损失。党组建立后，对领导上颇有帮助，唯急待加强。

目前尚有卫生、地政、劳动等局无局长，财政、地政无一个从解放区来的科长，以致影响到工作推进。

市府学委亦须整顿，缺乏专人负责，领导工作缺乏计划性。对二中全会的决议和少奇同志的报告，决定重新学习。今后学委应统一领导，与分党委的宣教工作密切配合，定期拟定学习计划，发行讨论提纲，建立学习检查考核制，动员某些同志分别参加工人补习班、夜课学校识字班等工作。

两个半月来的经验证明，有了党的正确路线与政策，还需要有足够的执行路线与政策的人，"干部决定一切"，在市府工作的干部配备调整上，是应重新考虑的。

1949 年 5 月 1 日

华东局关于深入城市政策教育的决定

近来各地入城部队及干部屡次发生违反入城纪律及破坏城市政策的行动，各兵团、各区党委、各市委对于4月2日华东局所颁发关于接管江南城市的指示，好像还没有做普遍的传达和教育，因此特作如下的决定：

（甲）责成各兵团、各军党委及各区党委，各地委，各市委对于上述指示进行普遍传达和深入教育。

（乙）上述关于接管江南城市的指示中，关于入城守则十条，决定增加两条，共十二条，原文次序如下：

一、第一、第二、第三、第四、第五、第六、第七、第八，按照关于接管江南城市指示中第三项入城守则的次序及原文的规定。

二、第九、第十两条为新增加者，原文如下：

"第九，除外国侨民事务管理处外，任何机关和干部不许和外国人谈话或发生直接关系，对一切外交机关、教堂、学校、医院、银行、工厂、商店及外国人的住宅应切实保护，严禁擅入外国侨民的机关及其住宅，如外侨有犯罪行为，须呈报军管会处理。

第十，除中国人民解放军总部毛主席朱总司令所发布约法八章的布告外，不得乱写其他未经上级批准的标语口号，对城市各种具体政策必须经过中央与华东局批准后，方可实施，必须严格执行报告请示制度。"

三、入城守则第九第十两条应改为第十一及第十二条。以上守则要翻印散发。部队发至连队干部1份，各城市工作干部每人发1份。

（丙）一切有外国领事馆及外侨居住的市镇，如南京、杭州、无锡应将中央1月19日及4月25日关于外交问题的指示与最近各种有关外交指示，在全党全军内进行普遍深入的口头传达。

（丁）应严厉告诫全党全军干部必须严格执行事前请示制度，必须立即纠正一切无纪律无政府现象，特别对政治宣传口号、对外交政策。对劳资关系问题、对金融货币政策必须严格遵守事前请示制度，对中央及华东局未曾规定者，必须经过中央或华东局批准后始实施。

1949年5月5日

谭震林在杭州市军管会成立大会上的讲话

同志们,我们自上月 21 日,胜利地渡过了长江,半个月内已歼灭江南残敌 8 个军,约 15 万人,俘虏 9 万至 15 万人,蒋残匪军尚可作战的部队只跑走了一个五十四军,江南之 40 万残匪已歼灭半数以上,将近三分之二,解放了千余里的国土,京沪杭三大城市我已占其二,蒋介石反动集团已全面瓦解了。这形势发展迅速,在我们意料之外,但不在毛主席意料之外,二中全会的决议上已正确地估计到了,这是天津式的解决问题。目前上海还未拿下,这不是我们不能占领,因为自己未准备好,干部尚未到齐,这样仓促地接管 600 万人口的大城市,是会混乱。我们这次进杭州是太快了,这里面有客观条件,敌人比我们跑得更快,杭州市内一批乌龟王八都出来浑水摸鱼,慢慢来就不行,我们也因此吃了亏,工作上感到措手不及。

今天我们军管会已经成立,我们已做了杭州的主人。但是问题很复杂,首先碰到的困难是干部太少,我们接收济南有 8000 多干部,现在杭州只有 400 多干部,仅有二十分之一。济南是一座工业城市,是长期在我解放区包围之中的孤岛,我们的政治影响经常在群众之中,又有周围解放区乡村的人力物力支援。但杭州不同,它是一个商业城市,有强大的资本家——蒋介石就靠浙阀起家的,这里只有距离较远的我们的游击根据地,所以一贯是反动集团的统治地区,是反动集团主要的根据地,有很多反动集团的主要人物是浙江人,也是国民党特务组织的大本营,又是流氓的基地。但我们有不同于济南的有利条件,也可以说是决定工作成功的主要条件,就是有 300 多名地下党员。虽然济南市也有许多秘密党员,但这里有许多中上层的党员,是济南所没有的,他们是专家、教职员、政务机关的高级公务员、报社编辑等,这便利于我们和蒋匪集团和资本家作斗争,因他们熟悉这些反动派的内幕。加之今天各阶层人民都清楚地认识到天下是属于我们的,因此,他们最大部分都留在这里,完整地替我们保管家当,听候接收,这便利于我们接收。譬如,广播电台有一个播音员,《东南日报》亦有几个党员,他们对业务都很熟悉,给我们以不少的方便。我们已决定 10 日晚上举行和这里秘密党会师大会,他们精通业务,熟悉地情,我们懂政策和有公开斗争经验,两者合起来,就会大大增强我们的力量,可以解决当前的困难。

前天，省委决定了接管的方式和步骤，是分别清轻重缓急，先后逐步接收。如银行、税收机关、报馆、粮食机关等先接收，因这些机关是我们迫切需要的，迟缓接收要受很大损失的；其他如邮电、铁路、公路等缓一步接收，先派军事代表去了解情况，搞好关系，宣传政策，看条件是否成熟来决定逐步接收，因这些机关迟一些不会受到重大损失的。要这样做的原因是一方面干部太少，另一方面是人才不齐。这些技术都是很新式的，我们同志的技术水平是无法应付的，因此我们要抱老实态度加紧去学会人家的本领。我们是以军事代表身份出现，就说不懂技术，但执行军管会的命令，他们须服从我们管理。同志们切不可只懂一点点充内行，给人家揭穿了以后工作不好办。在没有接管以前，军事代表的任务是：

一、了解全盘情况，因你是军管会代表，你有权了解全盘情况，他们亦有向你汇报内部情况的义务。

二、宣传解释党的政策，这需要耐心、具体、有现实的证据才能使人家心服，强迫命令是行不通的。

三、帮助他们解决困难，这要负责、迅速、干脆，使他们能安心职务。

四、了解人才，这包括他的历史、思想、工作表现等，以便将来分别录用。

如果接收时间延长，须另加两个任务。即：

一、监督其生产、营业，达到不破坏、不做坏事的目的，但不要干涉技术，这须清楚区别开来。

二、组织工人。在进行组织工作时，首先，建立工人代表会，以每一生产小组推选代表，而且不要固定，因为开始必然有许多投机分子、坏蛋混入，不能一下子健全起来的，经多次改选后，积极分子自然可以涌现出来。如果是需延迟两个星期接收的生产单位，就要搞起工人代表会。其次，我们要解决工人的生活困难，积极抓恢复生产工作。最后，建立工会，我们必须依靠工人阶级，不能忘本，不要以为人家整套移交给我们，就认为他是个好人，可以依靠，要知道他们手里是拿着刺刀，靠上去就要被刺伤，这须加严重警惕。

在接收中，我们还应清楚认识到，今天敌人机关的人员都想讨好我们，想立功，这不是证明他们是革命的，而是由于反动集团全部灭亡已经肯定了，他们无处可跑，不得不立功以求存在；还有我们广泛地宣传了党的政策，如中央广播电台的每天宣传，加之我地下党同志的努力，才能有此结果，我们必须保持清醒头脑，认清这些人的立功是解放军帮助他立的，我们党帮助他立的，因此,我们应清楚告诉他们:"你们保管完整的生产机器是有功的,但过去压迫剥削人民是有罪的,这可说是不自觉的,今天应好好回忆反省一下,今后应为人民服务,为劳动阶级服务,将功赎罪,因此,须改正轻视劳动的观点。"当然,讲话的方式态度须妥当,使人家容易接受,最好是采取研究的态度,不能盛气凌人,强制接受,必须要做到能使人家心服。

我们在生活上要注意,和他们接近后不要被他们的腐化生活同化了,这里特务坏蛋很多,他们善于用这一套手段来腐蚀我们。毛主席也告诉我们要防糖衣炮弹,同志们需要警惕,我们要学习他们的是技术,不是腐化的生活,我们今天是接管杭州,不是钻进杭州,这是要大家分得清清楚楚的。但是有许多城市的生活习惯和风俗,我们须以老实态度去学习,绝不可假充内行,闹出许多笑话,被人看轻。

此外,还须注意一个问题,就是要很好团结技术人才,我们对他们态度要很和气,耐心教育他们,鼓励他们,但必须注意不要无原则地团结,需站稳立场,有原则地团结他们。

最后,我们在10日晚上与当地党员同志举行会师大会,会师后,要注意一个重大问题,就是当地的同志是与当地群众有联系的,是群众的领袖和积极分子,他们是在严酷的白色恐怖下工作,对革命有很大的贡献,他们是负责了一条战线,这是不能忽视的。当然,老解放区的同志,创造了解放区和根据地是有功绩的。地下党同志对民主人士不断地教育鼓励,使蒋介石孤立,所以要承认他们立了一个大功。他们天然地与群众有密切联系,同时熟悉当地情形,而我们有统治和公开斗争的经验,有系统的建立解放区的经验——相对地说,他们是在野党,我们是在朝党,会合起来建设杭州,就可发挥力量。因此,我们要学习他们的熟识情况、精通语言,他们要学习我们的斗争经验。同志们!杭州市工作的成功与否,是决定在这两种干部团结的好坏,因为干部是决定一切的。我们要在浙江培养村以上干部10万人,大家都有责任培养成千上万当地的同志,成为优秀干部。所以我们团结300多个地下党员是培养10万干部的问题,是一头等重要的问题。

1949 年 5 月 7 日

中国人民解放军华东军区
杭州市军事管制委员会布告（第一号）

奉

中国人民解放军华东军区司令政治部电令：

"杭州已经解放，为保障全体人民生命财产，维护社会安宁，确立革命秩序，决定在杭州市实行军事管制，成立中国人民解放军华东军区杭州市军事管制委员会，为该市军事管制时期的最高权力机关，统一全市军事民政事宜；并任命谭震林为该会主任，谭启龙、汪道涵为该会副主任。"等因，本会遵即于5月7日宣告成立，本主任并于同日到职视事，奉行中国共产党所制定的城市政策，遵照中国人民解放军约法八章，实行军事管制，特此布告周知。

主　任　谭震林

副主任　谭启龙

汪道涵

1949 年 5 月 7 日

浙江省委关于结束前杭州市委工作
与成立新杭州市委的决定①

一、省委第二次会议听了林枫同志于前杭州市委工作报告,一致认为前杭州市委在党的领导下,完成了党给予的光荣任务,保持了党的革命旗帜与党的组织,并在工厂、学校、机关部门中建立了党的基础,在群众中传播了党的政策,团结了相当数量的工人、知识分子,争取了一部分科学技术人员及教育界中上层人士在党的周围,并经过他们保存了大部分重要物资免遭敌人破坏。这些宝贵成绩,不仅对我们接管杭州有着重大的贡献,而且是我们今后继续彻底摧毁国民党残余反动势力,恢复发展生产,进行各项建设事业的重要力量之一。

二、杭州是一个被官僚资本与国民党特务长期统治的城市。现在虽获解放,但我们仍不应忽视国民党反动势力在杭州保有的反动社会基础,因此今后杭州全党的任务更加繁重,必须根据中央及华东局的指示,紧紧依靠工人阶级,团结其他劳动人民,争取知识分子,争取尽可能多数的自由资产阶级,以与帝国主义国民党反动官僚资产阶级作坚决的斗争,一步一步地去战胜这些敌人,恢复发展生产,把消费城市建设为生产城市,这是杭州一个非常艰巨的任务。

三、为着完成这些任务,显然单靠前杭州市委的力量是不够的,必须同时依靠外来干部的力量,只有依靠军队干部、外来地方干部与杭州本地干部三者结合起来的力量,才能达到目的,因此,省委决定以谭震林、杨思一、张劲夫、林枫、李丰平、顾德欢、柯里、李代耕、周力行、李迎希等10位同志组织新的杭州市委,在杭州军管会领导之下,统一领导全市工作。

四、新的杭州市委以及所有参加杭州工作的全党同志必须正确地认识到,前杭州市委领导所建立的工作基础和产生的干部,虽然数量不多,经验缺乏,水准不高,但他们是最可宝贵的,是我们今后建设工作的重要力量之一。他们

---

① 原文标题为《省委关于结束前杭州市委工作与成立新杭州市委的决定》。

不仅熟悉当地具体情况,熟悉城市生活习惯,而且建立了与广大人民的很好联系,外来同志必须充分地运用他们的这些优点,尊重他们,虚心地向他们学习,主动地团结他们,帮助他们迅速了解党的各项具体政策,切忌自高自大,只重视自己不重视别人的错误思想。同样地,本地干部亦应认识由于长期处于反动统治之下,进行秘密工作,与上级党及解放区隔离,对党的现行政策不能完全明了,对建设解放区尚缺乏经验,党的一般政策也不能有系统地学习;而外来干部则由于自己直接受到上级的领导,对党的政策的了解及对建设解放区的工作则比较有经验,因此应该互相学习,互相帮助,这样才能适应当前形势发展的需要。只有全党从军事上的会师达到思想上、政策上的会师,才能完成当前的任务。

浙江省委

1949 年 5 月 11 日

浙江省委关于接管中对旧机构人员处理问题的指示①

接管工作中关于旧机构人员的处理问题。我们根据中央既定的政策,配合杭州具体情况,作如下的决定,希各部门同志研究执行之。

一、旧机构人员共分三类处理

第一类:官僚分子一律清出各类机构。行政人员过去均有或多或少的劣迹和反动意识,给群众的影响极坏,故基本上都不要,只有个别好的和一部分纯洁青年,可以留用,但亦必须经过训练并以不分配原地原部门工作为原则。

第二类:关于经济、医学、机械工程、大企业工厂等方面之技术人才、专家、学者及专门管理人才,原则上都留用,采取学习上甄审、个别淘汰的办法,再经过一定的训练,树立其劳动观念,确立为人民服务的思想。

第三类:杂务人员、苦力、工人等,原则上留用。但按我们的需要,选用一些精干的,并必须进行阶级教育,少数不用的遣散。

二、遣散办法

凡被遣散之人员,我们极力动员他们回家乡从事生产。被遣散人员不分其官阶等级,每人发遣散费 4000 元②,要回家乡的,按路远近,发给路费。凡被遣散人员中,有无家可归且要求继续工作者,可集中训练、改造其思想或授以专门技术再分配工作,无法分配者,组织他们参加生产(做工或种田)。

三、奖励办法

我们试用如下的办法实行"有功者奖":

---

① 原文标题为《省委关于接管中对旧机构人员处理问题的指示》。

② 原文按:此系旧人民币,1955 年 3 月 1 日开始发行新币。

1. 保存重要物资（如弹药、武器、机器、雷达、医药、粮食等）有功者，放在第一位奖励；保存重要档案（如地籍册等）和保护公共建筑及家具设备完整者，放在第二位奖励；其他为第三位。

2. 奖励分名誉奖、物质奖两种，主要是名誉奖，但第一、第二两种有功者，除名誉奖外，按其物资或文件的重要性，保存之数量及保护的程度，同时分等级给予物质奖励。

3. 有条件的、时间来得及的部门可发动群众，提出立功人的名单与评定功劳大小，以作为给奖标准。

四、对旧机构人员必须说明的问题

1. 对于要遣散的人，首先在思想上、精神上使他们了解过去所做不管主观怎样，客观的结果是为反革命服务，是帮助蒋介石屠杀人民、剥削人民，是犯了罪的，并说明我党在采用"首恶者必办，协从者不究"的宽大政策，对他们不予追究就是人民对他们的最大谅解；其次谈到将功折罪的问题，指出其功仅能折罪，并不能将过去之罪一笔勾销；第三指出他们的出路，不是说眼前的出路，而是要他们改变轻视劳动的观念，必须从艰苦中锻炼自己，参加劳动，改造自己，以求将来的出路与发展。对我们存有畏惧心理的人，我们的态度可更客气些，问题说明白，使他安心，并要他们回乡后好好遵守人民政府法令。

2. 对技术人员、专家等，亦应使他们了解过去的做法不管主观上如何，而客观的结果是替反革命服务，而造成的恶果对人民来说是一种罪过，今后应该自觉地为人民服务，为人民立功。

3. 对员工谈话，应采取同情的态度，同情他们过去所受的压迫和痛苦生活，指出解放后生活必能改善和改善生活必定要有步骤的道理，启发他们的阶级觉悟，加强他们的自觉力，使其主动地、积极地参加工作。

1949 年 5 月 29 日

杭州市关于接管工作的初步总结报告(节录)

自 5 月 10 日开始工作,我们接收的主要对象是伪政权行政机关。我们原有南下干部 8 人,后又增加了卫生干部和青年学生 20 余人,接管的单位主要是伪省政府秘书处、民政厅、伪市参议会、省训团、市政府(包括三科、四局、二处及其所属单位十几个),伪高等法院、地方法院、看守所、监狱署、防疫总队、联勤总部重伤部、救济习艺所、闽浙考务处、莫干山管理局等,共计员工 5663 人。

一、一般情况

1.伪属各机关,除少数首要分子潜逃外,大部分人员均未离职(如伪市政府的秘书长及伪省政府的主任秘书以下人员),文件档案亦大部齐全(如伪市府的户籍和地籍册子等)。

2.金银财物存留者极少,接收的物品单中以药品、器材、布料等为最多。

3.因我军入城以前,敌已溃退,各伪机关的交代工作大都早已有准备,并经过一段维持的时间,一方面虽使我们接收容易,但另一方面也使我们一时不易发现问题。

4.一般旧有员工的思想情绪与政治态度:

(1)中上层职员:

①初来对我们采取亲热、讨好、邀功的态度(如保存文件、器材,反复申述其困难)。

②采取互相吹嘘、官官相护的方法,以混淆视听,颠倒是非(如申说自己过去做了许多于民有利的事情,自认为于心无愧,表示不计较名义、地位等)。

③希望我们很快接收,早日决定去留,有的则表示从此退休回避或害怕反动派特务分子的暗害。

总之,这一类官僚的言辞一般都不可信,同时亦不可能从他们那里得到真实的情况,因为他们基本上是投机取巧的。

(2)中下层职员:

①一路对我们的政策怀疑,认识模糊,是非不清(如他们认为自己过去亦

是"受压迫的",是"为人民服务",存在着这样的错误观念)。

②也有小部分人希望我们进行彻底的改革,撤换原来上层统治者,打击原来的旧有官僚,这一部分人都生活困难,并对个人前途顾虑比较大,其中也有要求学习和转业者。一般说来,他们对原来上层的统治阶级抱着不满情绪,但敢怒不敢言,缺乏斗争勇气。这一类人,基本上是抱中间态度,看风使舵,思想情绪经常动摇,在群众未抬起头来以前,是趋炎附势的,有的怕蒋匪军打回来。

(3)技术人员(如医生、工程师等)

基本上希望我们留用,以继续他们原来的事业,但是对政治上的认识很模糊,他们认为自己是超然的,过去并不是为统治阶级服务的,而是"为人民服务的"。他们担心的事是怕被军队带走,怕薪水降低。

(4)劳动群众

基本上是视我们为自己人,而拥护我们。过去,在旧的统治机构服役,生活都很困苦,所以他们希望共产党来后很快地能使他们抬头翻身,要求最迫切的就是解决生活问题。在我们还没有去组织教育和领导他们以前是不敢说话的,经我们召集几次会议后,才对我们的同志表示很亲热,要求即刻展开斗争(只要求对旧有贪污分子进行斗争,迫切希望解决他们的生活问题如伙食和卫生设备等)。从这些劳动群众中最容易了解真实情况,并可通过他们去展开斗争。

二、接管经过

根据华东局关于接管江南城市的指示和分轻重缓急的方针,再由于我们本身干部缺少,业务外行,单位复杂,因此采取照顾全面、掌握重点、由内到外、逐步展开的方法、步骤。首先就以伪市政府为接管点,一般分为下列三个阶段进行工作:

1.造具清册,责成交代——首先经过会议报告,派遣军事代表,并就重要文件、资材、档案,令其出具保结,这样约需三五天的时间。

2.各按系统进行审查——这一阶段所需的时间可长可短,有伸缩性,主要是采取分组的、集体的和自上而下、自下而上的审查方式。

3.待命处理接管业务——这个阶段,审查工作大体结束,主要的是确立机构,配备干部,研究业务。

在这三个阶段中主要的工作内容是:

①了解情况。了解组织机构、业务情况、政治思想、生活情况、资材档案及

文卷情况等。

②宣传教育。必要的使旧有人员认清是非，打破顾虑，恪尽职守，整套交代，并使其了解我们处置旧人员的方针，说明甄别录用的原则，其中，我们特别组织和教育修路、园林清道，提高其阶级觉悟。

③恢复业务。由于新旧交替，各部分原来业务无形停顿，关于接收机关中不必要的机构，则停止业务，封存档案（如伪市参议会、省训团、伪法院等），主要的业务则立即恢复（如公共卫生、渭道修路及整理档案等）。

在接管的方法上，一般来说，首先开始个别谈话，稳定上层，进而在中下层中了解情况；其次就是会议汇报，主要的就是召集自己干部和可靠群众来了解情况（在每一次问题发生的时候都要举行会议，每天的工作都进行汇报）；再其次是组织审查，其中特别是发动下层群众，采取控告方法，揭破他们的劣迹，但亦须适可而止，不使其牵连太广，波动太大。

从整个的接收过程说来，首先提出恪尽职守，整套交代；然后加以分别审查；最后说明听候处理，分别录用。在这过程中的重要环节是：

1. 反复严正说明对旧人员的是非功过与处理人员的方针。

2. 保持主动，掌握重点，防止纷乱及不郑重和急躁现象。

3. 适当及时地解决具体困难问题。

在接管过程中间，旧人员所表现的形态中，须注意者即：

1. 他们扰乱是非，伪装进步。我们须很明确地辨别是非，分清敌我，揭穿他们过去反人民的罪恶。

2. 他们采取各种方法向我们争取合法的名义，以便招摇，而我们对于原有的伪政府机构的职务在口头上、文字上一概不予承认。

3. 他们多数掩盖劣迹，推诿责任。在我们尚未完全掌握以前，对于各部分的工作不要轻易接收，并须发动群众，利用他们上下的矛盾，给予一定的政治压力。

4. 他们来挑拨离间，甚至利用群众向我们进行斗争（如要求提高待遇、要求吃饭等）。在我们发现了这类问题时，就应立即直接地去领导和掌握群众，不让破坏分子操纵，说明过去的一切的问题应由反动政府负责，我们是来解救他们的，他们没有直接的责任。

5. 我们对各种重要档案文件一时不是完全清楚，往往被他们蒙蔽，所以我们就必须使其具结保管。

凡属旧的伪机构中积存下来的问题，应由以前的伪机构负责，而新发生的问题,则需经过慎重研究,不能轻易答复或擅自处理。

三、我们自己干部在工作与思想上的偏向

1.模糊敌我界限,不明了我们自己的身份、职责,容易对旧人员采取无原则的同情态度,或被其麻痹,附和他们的要求,或忽视其过去的罪恶。

2.顾虑多,怕犯错误,遇事萎缩。如有些同志去当军代表,连膳宿都没办法,认为吃人家的饭,住人家的房子,不好意思。

3.工作被动,容易上圈套,缺少对付的经验和办法。

4.将接管工作视为单纯的技术工作,忽视进行斗争,以为只要将档案、文件、房屋等接收过来,便算完成任务。如有些代表接管工作进行了三五天便处之泰然,认为没有事情了。同时更缺乏建设观点,至今极少提出各项建设意见。

5.工作茫无头绪,无从着手,不懂如何分别轻重缓急、有计划地进行工作。

产生以上偏向的主要原因:

(1)对接管工作的思想准备不够,对党的政策尚未细加研究。

(2)因为接收的对象复杂而自己不熟悉业务,缺少经验,缺少办法,碰到新的具体情况就不能与一般原则结合运用。

(3)对进行敌我斗争的阶级立场不稳。

四、在工作中的主要优点与缺点

1.优点:

(1)进行比较顺利,一般没有发生大的原则错误和大的乱子,而引起群众对我们的不良印象。

(2)一般干部都能积极工作,负责精神较好,没有损失重要物资、文件。

(3)比较有目标有计划地进行了工作,虽然接管对象复杂,在半个月之内初步完成了交代与审查工作。

2.缺点:

(1)一般同志都缺乏思想准备,对政策内容的研究亦不充分,不免有仓促应战的现象。

(2)在接管过程中,因人少事繁,经常转移重点,调动力量,以致引起一些混乱现象。

(3)接收以后,如何恢复掌管业务,还进行得非常不够,我们工作的效率性还很差。

五、主要的经验

1. 了解情况必须结合宣传教育，并通过联系群众。如果我们不能直接领导群众而仅停留于上层活动，往往在接管过程中发生了问题，就不能适当解决（例如接管伪市府时，当我们未接近下层群众时，就不能明了实在情形，未与地下党及群众联系时就不易展开工作）。

2. 在我们干部中不但要使其懂得一般接管方针，更重要的是使其明确认识这是一种政治斗争，对旧有人员应采取各种不同的态度和斗争策略（如这次发动审查，是有其实际的斗争策略意义的）。

3. 稳定上层之情绪，可避免或减少接收工作中的某些阻力，但亦不能过于接近上层，以免引起群众对我们的不良观感。利用群众进行审查，并在审查过程中间对有贪污劣迹者予以一定的政治上的压力，可以发现积极分子，并便于逐步地通过积极分子来掌管业务。

4. 适当地展开群众斗争，在斗争中暴露反革命统治下之黑暗，并可以此弄清是非，如工务局曾发动了工人对旧的贪污庶务①会计人员的斗争，园林处发动了工人进行对剥削工人的领班的斗争，救济习艺所发动了学徒对旧所长压迫的控诉。这样可以提高我们的政治威信，并打下群众基础，但也要适可而止。

5. 因为我们干部缺少，经验不够，而单位复杂，因此易形成忙而乱的现象。在领导上一方面应掌握先接收后推进，先收缩后展开的种种实际步骤；另一方面重点问题要集中力量，解决一个战斗后，再进行另一个战斗，分清前进方向与突击方向。

6. 在接管过程中要多抓紧政治性原则性的问题，少计较个别的具体细小问题，防止扩大打击面，引起不必要的人事摩擦。但首先一般地给予政治压力以减其威风是必要的，或找到个别劣迹的典型人物展开一些反贪污斗争，使群众了解我们赏罚是非的民主作风。

六、现在的问题

1. 旧有人员中遣散或留用者，对遣散人员在我们建立革命政权，恢复革命

---

①　庶务：旧时特指机关总务部门主管的各项事务。亦指这些事务的经办人员。——编者注

秩序后,如何减少其对我们建设事业的障碍,及留用人员以后如何去教育他们或改造他们,这是个值得研究的问题。

2.接收的机关,有的不需继续业务,有的则需建立新的机构,配备干部,直接为我们领导掌握业务,这个问题亟待解决。

3.接收下来的物资房屋等,应如何清理或处理。

4.今后市政建设方面需确定具体方针与工作计划。

1949 年 5 月 30 日

杭州市军事管制委员会命令

　　杭州解放后,我军进展迅速,浙江全省即将全部解放,原国民党反动派官僚资本企业各部门应即接管,归新民主主义的国家所有,兹为保持原有机构之完整以便利接管,所有金融、贸易、税收、电讯、邮政、铁道、公路等原有系统应即由杭州各该机关统一办理交代,并即通令其所属下级机关立即在当地人民解放军、军管会及人民政府所派军事代表监督之下,向各该上级呈报所有应行交接事项,并缮具清册分呈各该上级机关及当地之人民解放军军管会与人民政府,听候各按系统由上而下进行接管。于交接期内,凡忠实负责办理交代者有奖,如有敷衍、怠工、隐匿、偷漏等不法行为者定予惩处。

　　此令

主　任　谭震林

副主任　谭启龙

汪道涵

1949 年 5 月 30 日

浙江省委关于南下干部与坚持干部会师后处理团结问题的指示①

浙江全省除沿海个别县份外，均已获得解放，我南下工作干部亦已先后到达各个工作地区，胜利地与坚持敌后斗争干部会师，并根据旧有行政系统建立统一的组织机构，大家集合在一起工作，一起生活，一起学习，均能遵照华东局关于会师工作指示，互相团结，互相学习，互相尊重，努力工作，开始从军事上的会师，逐渐地进入到思想上、政策上的会师，这是革命队伍中高度阶级觉悟的集中表现。但另一方面，由于大家过去所处的工作环境不同，生活方式、工作作风某些不同，以及由于互不了解、互不熟悉，语言不通，会师后因形势发展工作繁忙，未能进行很好的动员教育，因此各地已经开始产生某些不够融洽、不够团结的现象。如南下干部看到坚持同志在接管城市工作中，纪律性、组织性和处理问题的原则性较差，生活水平太高（每人每月1斤肉，25斤米，比主力还高）；来往亲友多，有些看不惯、不耐烦。坚持同志对大军及市南下同志要求高，以为解放后可以出头痛快干一番，结果受政策、纪律限制太严，生活较前降低，南下同志文化水平不高，说话不大清楚，亦看不惯、不耐烦。这些现象目前虽不很严重，且双方均在注意克服，但领导上如不及时注意适当地解决，将会发展影响团结，使工作受到损失，为此，省委特作如下指示：

（一）应多召开各种干部会议，将华东局关于江南新区的三个重要指示，及省委关于结束前杭州市委、浙东临委，二中全会决定，省委给龙跃同志的电报反复地进行传达、讨论，有计划地组织学习，不管工作如何紧张，每日最少抽出2小时学习，务使全党尤其是各级干部都能领会这些指示的基本精神。必须将省委关于根据新情况重新建立各级组织配备干部的原则，向各级干部进行解释，务使南下同志正确地认识坚持同志虽有种种弱点（政策性、组织性、纪律性差，生活水平高），但如果我们没有这些干部的帮助，我们的工作将发生严重的困难。认识坚持同志政策水平不高，组织性、纪律性差，生活水平高的原因

---

① 原文标题为《省委关于南下干部与坚持干部会师后处理团结问题的指示》。

是由于远离上级领导,敌后斗争环境、群众生活水平不同所造成的。认识这些干部文化水平高,政治进取心很强,只要经过短期学习,将中央及华东局指示弄清楚了就会迅速进步的。认识自己在解放区学习机会多,经验多,应该负起开展新区工作的主要责任,和耐心教育坚持同志的责任。既不应只照顾团结而不敢放手工作,应该大胆负责,认真工作,也不应该看到坚持干部的个别缺点就形成思想上的对立而自高自大,须知自己也有缺点也有毛病。但同时又必须使坚持同志正确认识自己文化水平虽高,情况熟悉,与群众联系好等条件,但自己长期不易得到上级指示、教育及建设工作锻炼的机会,因此必然的弱点是对政策不够了解,组织性、纪律性差,生活锻炼不够,建设经验缺乏,等等。在今天新环境下,如不虚心学习迎头赶上,就会落后。必须正确认识南下同志文化水平虽低,当地情况不熟悉,与群众无联系,但他们的政策水平、建设经验、艰苦老实作风、实事求是的精神是很好的,必须向他们学习。他们经过一个短期工作,就会同群众联系起来的,因此开展建设解放区初期应该以南下同志担负主要的责任,应该很好地帮助南下同志熟悉情况与群众迅速连成一片,应该虚心地向南下同志学习,双方主动地多接近、多商讨,互相交换情况,介绍自己的简历及优缺点,互相学习长处,克服弱点,造成大家虚心学习、紧密团结积极负责的风气,转变大家"看不惯""不耐烦"的空气,以达成全党团结无间,一致努力,完成当前党的伟大任务。

(二)建立各级统一的集体的组织生活,严格的工作生活报告请示制度,反对无组织、无纪律、无政府状态与把自己看成一个独立国的倾向,建党的基本原则,全党应该坚决执行贯彻。但另一方面,必须根据具体情况,有步骤、有计划地去实现,不要过"左"犯急性病。应该事先对建立统一组织、生活、纪律制度进行深入教育,应该适当照顾坚持同志的水平,使他们逐步地提高。为此省委决定,原我各游击区的生活制度,不要立即降低,应使其慢慢地自觉地降低,对于当地干部家属亲友来往,可予以适当的照顾,对于个人的生活小事,只要不影响党的威信、不损害党的利益,不必过于严格。如果影响到原则问题,应该向其耐心地解释,如果一时还不了解,亦不必急于求成,或强制他们接受,或乱戴帽子,应采取反复说服方式;同样地对南下干部在生活上也应照顾其特殊的需要,如吃面食。当然南下干部保持自己生活之严肃性是很重要的,不能丝毫放松。只有这样,才能达到由政治上、思想上、政策上的会师与组织上、生活上及各种制度上的会师一致。

(三)实事求是,态度老实,凡事先做调查研究,有事大家商量,谦虚谨慎、不骄不躁、艰苦奋斗，发扬民主精神，开展自我批评与批评，是我党的优良作风，全党必须保持发扬。那些夸夸其谈、不求实际、粗枝大叶、吹牛拍马、蒙上欺下、骄傲自满、犯急性病，无论南下干部还是坚持干部，均应予以克服。应以上述原则，建立统一的作风，应该认识党内骄傲情绪、以功臣自居的情绪，停止不求进步的情绪，贪图享乐、不愿再过艰苦生活的情绪，那是很危险的，全党同志都须警惕。

（四）为使互相间能迅速融洽，互相学习取长补短，必须建立集体领导制度及个人负责制度。地委、县委必须建立集体办公室，废除个人在寝室内办公的老办法，几个主要同志（书记、专员、司令）每天必须有一定时间（2小时以上）集体办公，以便及时研究商量一切有关政策等问题，求得一致。凡事应先交换意见，上级指示及通报应该经过集体的研究后而实现。改变你看到你办，我看到我办，互不通报的做法，这就减少了隔膜与误会。

（五）必须注意在南下干部中及在坚持敌后斗争的干部中都有个别思想意识不健全的人，这些同志常常会发生一些不应该有的行动与言论，因而两方面的负责同志不能以他们的话作为整个的表现，而应加以区别。一般地说，南下干部中发生了问题，南下的主要干部必须很严正地批判之；反之也是如此。同样的，南下干部有些问题请示时，应多向南下干部中主要负责干部请示，反之也应如此。

（六）坚持干部除部分领导同志，在工作中一面工作、一面学习外，一般地应集中起来，有计划地进行一次短期学习，尤其是那些最近几个月才参加工作的新党员、新干部，必须特别注意加强对他们的教育，应该严格组织学习，不要因干部困难，随便使用，各游击部队亦应一面担任任务、一面休整。总之，省委要求各级党委十分重视南下干部与坚持干部的团结问题、工作态度问题，并以审慎负责的态度去解决工作中所发生的一切问题，并得出经验，随时报告省委。

1949年6月2日

天津市变更区街组织建立和改造派出所①

　　天津市人民政府于日前召开区街干部扩大会议,宣布变更区街组织。到市府所属各局及区街干部 560 余人。会上市政府秘书长指出:解放天津后,我们彻底摧毁了国民党统治压迫人民的保甲制度,建立市、区、街三级政权。5个月来,由于区街干部的艰苦朴素的作风,及全心全意为人民服务的精神,做了不少工作。但是,城市经济和区域都是集中的。一切经济、文化、政治的建设都必须以市为基本单位来集中进行。设立区街两级政权,则使市的集中领导割裂。在区街工作中,对有些有关政策问题的处理,存在着无政府无纪律的现象。至于市民中组织与宣传工作,应以市为单位,按职业组成的各群众团体,也不应以区街为单位来组织。而且区街政权很重叠,往往会过多干扰市民生活,使市民感到政务太繁。所以市政府决定改变区街组织,取消区政府,改为区公所,作为市府的派出机关,其任务只是执行市政府交办的事项及了解各区情况。各区公所设区长 1 人,秘书 1 人,助理员及干事共 5 人。原有区政府的户政股、调解股干部均调公安分局或派出所工作,文教股干部调教育局分配工作,经济股干部分别调到工商局与合作社工作。今后工商局及合作社仍将在各区设立分局与分社,卫生局在各区之卫生事务所负责指导各区卫生工作。街政府亦决定取消,其原有干部分配到各公安派出所工作,以加强与扩大公安局组织。公安局在各区设公安分局,分局为各区的主要组织,分局下设若干派出所,派出所直接接近市民,保护市民利益,管理社会治安与公共秩序。在各市郊区较大的农村中各设一派出所,并另组织村公所,村公所办事人员以不脱离生产为原则。

　　继由市公安局长许建国说明改造与建立新的派出所问题。他说:派出所是市府公安局具体执行保卫人民的基层组织,是直接联系群众的组织。现全市共设派出所 272 个,每所设所长 1 人,必要时设副所长 1 人,下设文书及户

---

　　①　原文标题为《以市为基本单位集中领导　津市变更区街组织建立和改造派出所》。

籍警察。每个派出所都要坚决地不折不扣地执行上级的命令和任务,不能有任何越轨行为。其具体工作范围为:(1)户籍管理;(2)社会调查;(3)防止特务奸细活动;(4)防止盗匪活动;(5)保护公共建筑物及取缔违章建筑物;(6)调解市民纠纷;(7)教育群众,自觉遵守政府法令;(8)督导公共清洁卫生;(9)执行禁烟禁赌;(10)取缔居民违法行为。接着他谈及派出所的警察应遵守纪律。他说:警察应遵守的纪律是:(1)严守政府法令;(2)保护人民利益;(3)遵守群众纪律;(4)执行上级命令;(5)有事及时向上级报告;(6)无故不得乱报;(7)不得贪赃受贿;(8)不得假公济私。他又说:警察是人民的直接保护者,保卫革命组织的巩固,保卫人民的生命财产,使人民安居乐业。在新民主主义社会里,以旧眼光看现在的警察是不对的。最后他号召大家要提高自己的政治认识,做一个新民主主义的、对人民负责的、为人民除害的、人民的政治警察。

【选自《人民日报》1949 年 6 月 22 日】

北平市军管会关于改革区街
政权组织及公安局派出所的决定

　　现代城市的重要特点之一是集中,政治、经济、文化亦集中,各种交通极为便利,而主要群众,又是集中的工人阶级。这与人口分散、经济分散、交通不便,而主要群众是个体的、分散的农民阶级的乡村,是根本不同的。因此城市的各种组织形式与工作形式,亦应不同。

　　在乡村中,乡村的政权和群众组织(如农、青、妇)都是基础的一级。在城市中,街一级的政权和群众组织根本就不应设立。区应设区公所,但也不应成为政权的一级。一切工作应尽量集中于市一级来进行,否则就会把应该由市政府(或市工会等)集中统一决定和进行的工作,错误地加以分割,造成在工作中很混乱的现象。

　　其次,在乡村中,因为村庄人口分散,交通又极不便,故县以上领导机关的工作,往往不得不采用一些间接方式。反之,在城市中,市一级党、政、军、民的领导机关,却不但可以而且应该尽可能地采用直接的工作方式,例如随时都可召集有关人员当面商讨交代,或利用电话、报纸、广播等来进行各项工作,这样既迅速又准确。反之,如果把乡村一套工作方式机械地搬来,实际上往往很容易形成工作效率迟缓及错误百出的现象。

　　在我们入城之初,因为和平接管北平,社会情况复杂,匪特与流散军人事前已有计划地潜伏,工人阶级绝大部分尚无组织,庞大的旧警察机构和人员尚来不及改造,各区都以少数老干部和大批工人、学生积极分子组织工作组,派遣到各保工作,负责调查和了解城市的一些情况,宣传了党与政府的政策,反映了一些市民的要求,负责进行了兑换伪金圆券、发救济粮、肃清散兵游勇、清除垃圾、粉碎保甲制、评定若干税收等项工作,与群众建立了联系,工作是有很大成绩的。但由于当时我们在城市政权的组织形式上,机械地搬用了乡村中的一套,在区下建立街政权,并将区街政权当作城市政权的一级,以致在日常工作中"政出多门""步调紊乱",影响极坏。这一错误经少奇同志指出后,我们才加以改正。兹再作具体规定如下:

　　第一,取消街政权,取消警察分驻所,改造和加强派出所。

反动政权系统下的警察组织,是人民的死敌。人民政权系统下的公安组织,乃是人民大众的警卫员,亦即人民政府管理城市、实现人民民主统治的重要的武器之一。我们在粉碎了旧的警察制度之后,必须建立新的人民公安系统和工作。目前应该继续彻底改造派出所,政府应派大批的得力干部与革命的工人和学生到派出所里去,并吸收旧警察中经过改造可以忠实为人民服务的分子,健全派出所。只有这样,公安局才能密切联系群众,依靠群众来实行人民民主的统治,并有效地保卫人民生命财产的安全。同时公安分局下的分驻所,应立即取消,由公安分局直接领导派出所,这样不但可以使工作迅速开展,而且可以使公安局的领导机关更加接近群众。

派出所本身的任务,是维护人民政府法令,保护人民生命财产的安全,其具体工作如下:

(1)肃清敌特及其他反革命分子。

(2)消除盗匪及其他破坏治安分子。

(3)管理交通秩序,管理消防、卫生。

(4)处理违警事件,并受理群众要求,调解纠纷。

(5)调查户口,管理户政。

(6)保护公共建筑物及取缔违章建筑物。

(7)协助指挥防空。

(8)进行社会调查,反映社会情况。

街政府取消后,其原由各街政府所进行之工作,如地方税收、组织生产、发放贷款、社会教育等,均分别由市府之主管部门,如财政局、合作总社、银行、教育局等分别负责办理。其他优抚、救济、纠纷调解及一部分社会教育工作,则在市级的集中领导下,由各区公所执行之。

关于民政性质之事项,区公所得经由公安分局指挥派出所协助执行之;但关于公安性质之事项,应由公安系统单独进行之。

第二,区政府改为区公所。

各区政府应一律改为区公所(称为北平市人民政府第×区公所),并紧缩其编制。区公所为市政府之派出机关,向市政府负责,除执行市政府交办之工作和办理一部分民政事务外,并应经常负责向市政府反映情况、发现问题、提供意见,作为市政府决定和推行政策之依据。

区公所的具体工作如下:

(1)办理优抚、救济、婚姻登记及其他民政工作。

（2）一般民事纠纷调解工作。

（3）市政府所委托之工商行政工作。

（4）一部分市民、小贩及零散劳动者之社会教育工作。

市政府各部门,应健全已有的并增设一些必要的机构,以便集中地管理过去由各区街分散进行而今后应由市政府负责进行的各种工作。

周恩来同志批示:原则同意。具体审查责成华北局办理。

1949 年 7 月 9 日

华北局批示:同意你们关于区街政权及公安派出所的决定。

1949 年 7 月 11 日

河南省民政会议决定建设基层政权①

河南省人民政府民政厅于 6 月 7 日至 22 日召集省级和各县市民政负责干部举行民政会议,讨论基层政权建设和如何保证剿匪任务完成等问题。吴芝圃主席在会上作了关于目前河南形势的报告,他指出:河南省已完全解放,开始走上建设的道路。但国民党反动派残余势力仍在蠢蠢欲动,组织土匪,采取分散隐蔽的捣乱方式,进行烧杀抢掠;组织会门②,阴谋暴动,企图破坏我后方生产建设。肃清土匪,安定社会秩序,以便恢复和发展生产,是河南人民当前最迫切的要求。为此,今后民政工作,亦必须有计划、有重点地配备力量,努力完成艰巨而光荣的剿匪任务。民政厅长贺崇升总结了大家的意见,提出下列数点作为今后河南民政工作的中心任务:第一,河南大批乡村政权尚为反动封建势力所掌握,必须迅速改造。在一般新区,要废除保甲制度,着手提拔和训练农民积极分子和革命知识分子,委为乡长和村长,建立新的乡村政权。在发动群众的重点区,要建立农民协会,召开农民代表会,选举乡政府,以求得基层政权的进步的改造。第二,在城市中,要克服农村观点,以市政府为基层政权组织,直接与群众见面,加强群众团体及经济与公安等机构,取消街区两级政权,变区为市的派出机关,并在人民代表会议召开前,充分运用各界代表会,来联系群众,讨论施政计划。第三,河南今年下半年中心任务是剿匪、反霸、发动群众,民政工作必须结合和保证这一中心任务的完成,主要是要适当配备干部,加强公安工作和司法工作,抽调必要力量随军剿匪,并要在全体干部中进行思想动员,加强纪律教育,发扬艰苦奋斗作风,展开剿匪立功运动。

【选自《人民日报》1949 年 7 月 6 日】

---

① 原文标题为《河南走上建设道路 民政会议决定建设基层政权确立以发动群众为中心任务》。

② 会门:指旧时某些封建迷信的组织。——编者注

沈阳市废除保甲工作总结

(一)废除保甲是明确的,但缺乏具体办法,没有明确确定依靠群众。有些问题的态度是"右"的。

从去年 11 月初入城,到今年 3 月 15 日左右,保甲才得以废除,共历时四个半月。入城之初,市委已确定要废除保甲,因便于接收与亟待收容散兵游勇,建立社会治安等主要工作,而对保甲暂时利用。但在利用期间对于保甲态度不明确,利用范围没有具体规定,又没有具体的做法与步骤。利用虽有收获,同时,也发生了不少偏差。利用保甲协助收容了散兵游勇,搜集了武器弹药军用器材,帮助驻军找房子借用具,募捐救济,清扫垃圾,劳军募捐等项工作,保存了保公所的文件档案,顺利进行了接收。在废除保甲中暂时利用其为我工作,事实证明是正确的。由于对保甲可以暂时利用的作用估计过高,不敢向群众宣传要废除保甲,建立人民政权,宣传保甲的反动罪恶,提高群众的觉悟,在群众面前予其以任务,令其戴罪立功,号召群众监督其工作,怕影响保甲长的情绪,是以麻痹的办法哄其工作。这种幼稚的"右"的态度,事实也证明,因为没有群众的监督,保甲人员工作情绪普遍不高,完全是应付的态度,甚至有一些仍在继续作恶。结果因为群众不了解我们对保甲的方针,而引起很大的怀疑和不满,造成我们政治上的损失。利用保甲的时间拖得实在太长,影响了工作进行。我们有部分干部准备的时候,不是在社会治安情况初步建立,即开始有重点、有步骤地进行废除保甲,而是因为有怕"影响情绪"的"右"的思想,所以就不敢动,就想以待力量充足一齐动手。可是这样一来,保甲就存在了,将近五个月,也就造成了工作上的损失与给予群众坏的影响。

12 月 20 日,市委市府印发了改造保甲的联合指示,只是提改造没有提废除,仍是不彻底的。只有北市区委执行了这个指示,其他 7 个区委没有执行,执行的是这个指示之前由沈河区创造的"自由联合成立居民组,挤坏人"的一套做法。市委对于这种做法并没有加以研究分析,却在市委办的城市学习上当做一个消息报道了。实际上是默认了。沈河、大东两个区先后做完,其他区(北市除外)都做了一个时期。在工作中,和群众多少建立了一点联系,对一般社会情况有些了解,可是保甲制度仍然未动,其统治也未削弱,保甲人员的威风也未遭到打击。联组组长的成分,从和平区四街一个街的统计,142 名组长中,经理占 21.8%,工人、店员仅占 15.5%。其他区也有同样情形。挤坏人的口号,是错误的,因为好坏没有说明,打击面大。实际挤出来的多是黑人黑户,其次为无正当职业的如野妓、散兵、烟鬼等,真正的敌人如特务、胡匪等则潜伏在小组内并未挤出来。这种做法,直到今年 2 月 14 日才被市委禁止。

(二)摧毁了保甲制度,惩罚了罪恶较大的保甲人员,群众提高了认识。建立街组政权,民主廉洁的新作风初步树立。

2 月 14 日市委才开始布置废除保甲,3 月底左右,各区均告结束,原有 1194 个保 5255 个甲均被废除,新成立了 147 个街公所,14 个村(属市内之农村),5640 个居民小组(当时统计全市有 217790 户,866865 人),保甲制度与机构已完全摧毁,罪恶极大的保甲人员也受到适当的打击,以送法院、禁闭、罚款、赔罪、劳役等方式共打击了保长 37 人,保职员 4 人,甲长 50 人,昔日统治人民的淫威已垮。人民抬头,觉着痛快。凡对有罪恶的保甲人员进行适当斗争的地方,在政治上或经济上群众得到了实际好处,觉悟就高;在只宣布保甲制度与保甲人员罪恶而将其撤换了的地方,或没有悔过的地方,群众觉悟比前一种就差得多了;如果还是留任的地方,群众认识就更差。

在废除保甲中依靠工人的思想还不够明确,不少地方没有或很少召集工人、店员及其他劳动人民单独开会进行教育,从中选择组长,有的工作队员甚至存在老实工人任组长没有能力不能办事的错误思想。职工工作没有做好,甚至根本没有动员工人参加,因之,工人群众在废除保甲中并不是普遍活跃,出任居民组长的也只占组长总数的 37.19%,数量是不大的。可是甲长留任为组长的就太多,有的区如北关区就占原有数的 27.2%,北市区为 22.6%。对有罪恶的保甲人员,很多区都是在废除保甲之后才处理,因此,在废除中群众情绪不高,保甲人员更恐慌,主要是怕敌人说的所谓"流血斗争",而并非我们对保甲人员的处理办法。所谓可零碎斗、一次斗的办法,并不符合实际情况的要求。

3 月底前后,街组已全部建立,过去长期骑在群众头上的罪恶较大的保甲人员已不复存在,街公所人员除仍有极少数的职员以外,几乎全数是新的,居民组长的成分也有大的改变。工作效率是提高了,作风有初步转变,大多数的街干部与组长一般任务都能完成,在劝购公债,动员反动分子登记,春季清扫,评定卫生负担等项工作中,绝大多数表现出了积极负责的态度。像过去保甲人员一贯的强迫命令、贪污勒索敲诈等恶劣作风,在街公所还极少发现,组长中除少数外,大多数是很好的。但街干及组长的成分仍不纯,发现一个街长曾是国民区党部执行委员。组长不纯的现象更严重,有的区商人占 33.7%,工人及其他劳动人民仅占 20.7％，至于曾参加过国民党、三青团及匪军者各区都有。这种严重的成分不纯，值得严重注意，必须在今后工作中及时撤换。新作风的初步树立，并非是由于街组人员高度的政治觉悟，确立了为人民服务的思想，主要是由于我党及我政府的影响，不得不如此，因此是很不巩固的。虽工作已经过半年，群众觉悟还很低。群众的广泛发动与觉悟提高，在思想上新作风的树立，还需要经过今后工作的深入教育。

（三）主要检讨，从利用保甲，废除保甲，至建立新政权，经过将近半年时间，工作虽有严重缺点与错误，但也有重大成绩。

市委确定废除保甲虽是明确的，但缺乏具体的对保甲的态度、范围以及办法，又把保甲可以暂时利用的作用估计过高，怕影响情绪，没有着重在群众中宣传我们对保甲的态度、保甲的罪恶。依靠群众监督保甲给我们做些工作，并积极准备废除保甲，这种领导思想不明确，因此使保甲人员有空隙可乘，普遍消极以及少数的继续作恶，在群众中造成坏的影响，此其一。市委对于沈阳这样一个集中的局面认识不足，没有强调集中统一，区委各搞一套。对于废除保甲，全市 8 个区，就 8 个样，存在着严重的无组织、无纪律现象。市委与市府关于改造保甲的联合指示，有 7 个区未执行。这些区进行的自由联组挤坏人，在具体内容与做法上又各有所不同，很长时期各自为政、步调不一，工作迟缓，偏差累累，混乱现象相当严重，此其二。市委对于各区委的领导，在 4 月份以前，着重保甲工作，相对放松了职工工作，几乎各区在 4 月份以前长时间把主要力量不是放在最主要工作——职工上面，而是陷入了保甲工作中，利用保甲时间又过长（早在去年 12 月份就可以着手废除）。对于保甲花这样长的时间，花这样大的力量，与职工工作比较是不应该的，是错误的，此其三。

虽有以上这些严重的缺点与错误，但工作是有很大成绩的。即调查和了解城市一些情况，宣传了党与政府的政策，反映了一些市民的要求，发了救济粮，收容了散兵游勇，清扫垃圾，废除保甲制，组织街道合作社，协助动员反动党团分子登记，劝购公债，评定卫生负担等项工作。由于这些工作，使我们在街道中与群众建立了联系。也由于当时我们在城市政权的组织形式上，机械地搬运了乡村的一套，在区下建立街政权，并将区街政权当作城市的一级，形成分散的局面，不便于集中统一，依然是"步调紊乱"，影响很坏。这又是一段弯路。

市委会

1949 年 7 月 21 日

天津完成区街政府改组①

——证明在人口经济集中的城市，把工作尽可能集中在市级机关的方针是正确的

天津市区街政府自上月中旬改组迄今已逾一月，各项改组和交代具体工作均已完成。区政府缩小编制为区公所，是市府直接派出机关，办理市府授权及"令""示"事项与目前市级机关尚无法接收的工作如优抚、救济、调解等。区公所设区长秘书各 1 人、助理员或干部 5 人、通信员 1 人（按经济集中与分散或社会情况复杂与否，可增添一两人。如市郊区目前尚得处理土地问题、评定与征收农业税款、领导农副业生产，故可增加 2 人）；原区政府下属经济股干部交由工商局和市合作总社，在各区成立了工商分局和合作社派员驻区，直接受上述两市级机关领导；户政股并入公安分局；街公所合并于公安派出所；文教股交由教育局接收，今后全市小学教育（通过中心小学）、社会教育（通过人民文化馆）的领导由教育局直接负责。其他如各项表册、家具等亦已按指定交付各有关部门接收。

一个多月来证明：为适合城市人口、经济集中的特点，尽可能把工作集中在市级机关处理的方针是正确的。如过去区经济股系受多方领导，工商局要求它掌握全区工商情况，管理市场；合作社则需其帮助组社；银行委托办理小本贷款；贸易公司、税务局要求协助之处亦颇多。人少事多，加之对经济工作的生疏，工作是忙乱而无效率的。政策掌握亦不免产生偏向。如七区应征税工商户 4700 多户，而区经济股所了解者仅 2000 余户；物价波动的情况及原因亦未能及时报告给工商局或其他有关部门加以适当处理。这些问题自工商分局成立后已能初步掌握，并按干部工作能力实行初步分工（如市场管理、商户调查、工厂作坊户调查等）。分局无法处理的问题已能立即利用电话或信件报告市工商局请示，这表现出我们在处理经济工作上已较有系统、机动和灵活性。原街公所合并到派出所后，质量上已大为增强。它已成为市政府的基层

---

① 原文标题为《天津完成区街政府改组 工作效率显著提高》。

组织,从联系群众和贯彻政策看来,已初步在市民中树立起新的工作基础。在上月底实行了值、守、巡的轮流制并由每一警士负责分担 100 户的户口调查。这对治安上起了相当的保证,如呈报户口者较前显著增加,并能深入了解到不少社会情况,对各有关市级机关处理问题上有不少的帮助。如区公所目前办理人民身份证明、职业介绍、分发贫苦儿童救济品等即以派出所掌握的户口为凭借。但不可否认地,派出所目前因初合并,部分地存在着宗派情绪,闹不团结的现象;又因一般警士政策、文化水平的确太低,难于很好地处理和展开工作,这应当在今后"警政合一"的方针下逐步克服。

区政府改为区公所后,一般区长均感无下层组织之苦。机构虽经缩小,而许多具体工作则未摆脱,致工作有被动和忙乱状态。考其原因有二:市级机关在改组前以至今天在思想上和组织上未做充分接收准备工作。如民政局优抚科在区街政府改组后仅多添 1 人,全部优抚救济工作仍不得不由区公所担负,区公所之请示事项,亦常无结果批回;又市劳动局刚在建立,劳资纠纷案件积压颇多,区公所亦不得不予以说明暂缓解决。其次是区公所工作方式值得研究。据了解,目前区公所最忙者为调解工作(以婚姻、房租、债务为最多),次为优抚救济工作,另有一些临时性的突击任务如目前之防汛工作。七区有一天调解案 14 件之多,而一般亦有两三起。这是一个极复杂的工作,依靠区公所几个干部进行调解,确有困难,且无法处理别的事情。据六区调解经验,如婚姻、债务案件交托双方信赖的人调解,一般可获得解决(但事后应将调解经过报告区公所),因为调解人与双方并无矛盾,且愿协助当事人和解。优抚救济工作除民政局应扩大组织机构改进工作手续,减轻区的负担外,区公所在目前应求得工作方式上之改进。如优抚粮可每三个月或半年发一次,这不但可以减少自己本身工作,且可使该粮款作为烈军属的生产资金,不致于发一点吃一点。并尽可能地培养积极分子或利用过去的各种委员会协助工作,但应防止他们对群众滥用权力。

【选自《人民日报》1949 年 7 月 30 日】

济南适应城市特点改变政权组织形式

　　济南市人民政府为适应城市的特点,着手改变市政权的组织形式与工作方式。市政府已确定为市人民政权的基本组织,一切工作与政策的决定权均集中于市府统一进行。各区政府一律改为区公所,紧缩其编制,设区长、秘书、办事员、助理员等五人,成为市府之派出机关。区公所的经常工作除了解情况,反映市民意见,作为市府决定与推行政策的参考外,并在市府集中领导下,办理优抚及其他民政事项,调解一般的民事纠纷,如房地产、债务、婚姻等,及其他市府交办事项。其原由各区政府所进行的工作如清洁卫生、发放贷款、组织合作社、土地陈报等分别由市府各主管部门负责办理,各区公所里各公安分局则协助执行。街政府及街以下各种行政组织一律取消。至于群众性组织如生产委员会等可分别按照性质,归各该主管部门指导。但在有农村的区则一般组织不动,农村乡政府仍然照旧。派出所的工作应予加强,旧警察的教育与改造工作也应加强。派出所在市公安局与分局直接领导下进行以下工作:(一)户籍行政,社会调查。(二)肃清特务及其他反革命分子。(三)调解市民纠纷。(四)缉拿盗匪,防止偷窃拐骗。(五)执行巡逻,维持革命秩序。(六)维护政府法令,保护公共建筑,执行禁烟禁赌,防空防毒。(七)管理市容,管理卫生,协助消防。(八)掌管违警事件,取缔违法活动。

【选自《人民日报》1949 年 7 月 31 日】

中共北平市委关于区街政权机构
派出所改造问题的总结报告

(一)北平解放之初,因为和平接管,环境复杂,国民党特务和教官散兵潜伏甚多,工人群众的绝大部分尚无组织,为了发动群众迅速肃清国民党反动势力的残余,建立新的政治经济社会秩序,我们曾以少数老干部和大批工人、学生、积极分子组成工作组,分派到各区各街去调查情况,宣传政策,发动群众,配合进行肃清反革命武装,检举特务匪徒,处理散兵游勇,兑换伪金圆券,发救济粮,摧毁伪保甲等项工作。事实证明,在当时情况下这些工作组的派遣(它的性质是人民政权的临时派出机关),是有必要的。但工作组的形式不应保持过久。在政权已经接管完毕并且加以改革,在革命秩序已经初步建立,并且群众有了相当组织之后,工作组即应结束。我们的工作组保持的时间过长了些,直至需要已经减少,而弱点又不断暴露之后,我们才取消了它。

(二)由于我们对城市的特点和城市政权机构的研究不够,我们在进城后不久,曾经机械地搬用了农村建政的经验,在城市中建立了一些街政权作为典型试验,并且把区也当作了一级政权,这是错误的。后来少奇同志指出了这种错误,同时,我们自己在实践中也证明了区街分散处理问题,很容易对于性质完全相同的问题有大同小异或基本不同的处理,造成不应有的混乱。特别是在区也处理劳资问题的情况下,不论上下级关系如何密切,领导上抓的如何紧,区与区之间的分歧总是很难避免的。同时,在一个街的范围内要把要求不同、职业不同的各阶层的人们集中在一起商讨解决无所不包的问题,把一些可以而且必须由全市统一解决的问题交由区街去解决,不仅搞不好,而且自造纠纷。

其次,经验证明,在城市政权中,公安局派出所一级组织是甚为重要的,它是政权的手脚,它是直接联系人民、保卫人民和为人民服务的机关,原来街政府或街工作组负担的一些工作应交由派出所负责,但在开始时我们也未注意到这一点。

我们切实调查研究了具体情况,认识了城市的特点,并经过多次会议商讨之后,六月间才决定取消街政府,改造和加强派出所,并确定区为市政府的派出机关,各项工作尽可能直接由市级领导机关来集中地领导与掌握。

(三)目前已有的经验已完全证明这一改革是真正适合城市情况的,是正确的。在执行中,并已取得了如下的经验:

第一,把一切问题,特别是劳资纠纷等重大问题,统一由市一级负责解决。这不仅可以避免混乱,而且可以迅速有条不紊地解决问题,并且事半而功倍。

第二,为了改造和加强派出所,使其成为人民民主专政的得力依靠,必须增加新的血液,加强领导骨干,并加强与群众的联系,否则派出所不健全,城市的治安工作是很难完全做好的。

第三,必须正确处理旧警察人员,对特务分子、贪污腐化分子及一切为人民所痛恨的分子应坚决地清洗,必须反对少数干部那种不问政治条件,只是片面地重视业务技术的错误观点。但清洗时必须先进行系统地调查研究,依靠群众,有步骤地处理,要避免造成不必要的恐慌与对立。其次,对于留用人员,应加强教育和改造。现在有一部分派出所因为干部缺乏,留用了大批旧警察,因为没有加以应有的改造,却又不敢放手使用,以致造成"干部忙碌,警察清闲"和怕负责的现象,需立即克服。

第四,在把区街干部调入派出所之前必须给他们以应有的思想和业务教育,才好去领导和改造派出所的工作,否则,就会遇到干部"不愿当警察"或"工作不知如何做起""被旧警察看笑话"等麻烦。其次,要使群众了解现在的派出所已和国民党反动统治时代的完全不同,它不是与人民对立的机关,乃是人民镇压反革命与破坏分子,自己保卫自己的机关。过去工作组替人民办的一切事情,今后均可由派出所和区公所分别负担,因为过去我们在这方面向群众解释不够,以致到现在还有些群众在怀疑地说:"街工作组、街政府都取消了,派出所能不能也像街政府一样认真替老百姓办事。"

第五,在街政府、街工作组取消和区机构缩小之后,市级各部门领导机关必须抓紧统一领导,反对分割领导与各自为政,必须改变工作的习惯,不要再把一大堆工作无限制地堆到区公所头上。其次,派出所与区公所的工作关系应很好地按照决定具体地建立。现在,有些区和派出所的关系还不正常,因而有些区的工作效能很差,几天即积压40余件应调解的民事案件。为了解决这个问题,有些同志提议在派出所内增设一两个协助处理民事的干部,是可以试办的。

第六,在改革中必须同时展开反对官僚主义和文牍主义的斗争,必须简化行政手续(过去市财政局与区级之间有13道手续),使上下级联系及领导与群众的联系更加直接,更加密切。市级各部门领导干部要设值班制度,使下级干部和群众有事时能及时得到解决,使问题能迅速处理,而不积压拖延。过去在区街工作同志对于群众的问题随到随解决,是一种优良的作风,这种作风应好好保持。

(四)区街政权改革的实际问题有一些尚未完全解决,如现有的闾长绝大多数是经过群众选出的积极分子,不脱离生产,能联系群众,目前在各行业工会及其他群众组织尚未健全、派出所亦尚未彻底改造之前,暂时还不能取消,今后如何解决尚须研究。但此类实际问题都是能解决和容易解决的,因为我们已经摸到了城市政权组织的正确形式,原则问题是已经解决了。

1949 年 8 月

谭震林在杭州市第一届各界代表会上的报告

各位代表先生、各位同志：

今天杭州各界代表会议开幕，我代表中国共产党杭州市委会，在此会议上，将我党克服当前困难，建设新杭州的方针，向各位代表作报告，并请求各代表研究、讨论、审查与指正。

7月27日，《解放日报》发表了一篇社论，题目为《粉碎敌人封锁，为建设新上海而斗争》。从本月3日中国共产党华东局书记，兼中国共产党上海市委会书记，饶漱石同志，在上海市各界代表会议上，代表中国共产党上海市委会向大会提出的粉碎敌人封锁，与建设上海的方针报告。这两个文献，不仅是粉碎敌人封锁，建设新上海的方针，而且是建设新华东的方针，我党对克服当前困难，建设新杭州，也是遵照这个指示，我们反复考虑过这个方针，并根据这个方针的总原则及杭州以及浙江全省的实际情况而提出我们今后任务。

最近事情的发展，完全证明了饶漱石同志所提出的方针是完全正确的；美帝国主义者所发布的中美关系白皮书，完全表明帝国主义决心干涉中国到底，任何以为帝国主义，可以对中国人民革命事业，给予任何一点微小的同情或让步的幻想，被美帝白皮书所扑灭了。我们只有坚决地贯彻"改变今后的生产方针与发展方向，无论公营或私营企业，都应设法摆脱对帝国主义经济的依赖，并把（国内生产为中国人民服务）作为今后上海一切企业生产的方针与发展的方向"这一原则，才能粉碎美帝的干涉企图。同样的，人民解放军，继续解放了福州、长沙等大城市及许多中小城市，已加速了各地的解放，尤其是福州的解放，这就更明确地证明"积极支援人民解放军南下作战，迅速解放福建、台湾，并配合全国各地解放其他一切尚未解放的地区"之正确性，东北人民政府与社会主义苏联政府，签订了一年商务协定，获得了全解放区人民的热烈拥护与欢迎，这又一次地证明了苏联政府与苏联人民是中国人民最诚实的朋友，能够在困难中给中国人民以更多的友谊。我们只有坚决地站在世界人民民主阵营方面，才能彻底地粉碎敌人的封锁，建设新浙江、新杭州。

杭州解放、全浙江解放已3个半月了，我们所遇到的困难与上海及整个江南所遇到的困难一样，杭州有50多万人口，生产者及与生产有关的人口不及半数,要把半数以上过去未参加生产或无机会参加生产的人口,变为生产人口;或疏散他们回乡参加生产,这是一个复杂而又艰巨的工作。但是我们也清楚地知道,我们所遇到的困难是胜利后发展中的困难、是暂时的也是必须经历的困难,是完全可以克服的困难,因此我们并未被困难所吓倒向后退却,我们必须前进,我们号召全杭州的工人、学生、近郊农民等一切其他劳动者,一切进步的文化界、产业界人士和一切爱国民主人士们,为克服当前的困难,建设健全的、繁荣的新杭州而一致团结起来,坚决实行下列任务:

一、积极支援人民解放军南下作战,迅速解放福建、台湾,尤其是迅速解放舟山群岛定海县城,扫除蒋匪最接近宁沪杭的海空军基地和全浙江匪特的主要巢穴,并配合全国各地解放其他一切尚未解放的地区。这是回答敌机轰炸扫射及粉碎帝国主义、国民党残余势力对上海和我沿海各港口武装封锁的最有效的办法。现在人民解放军的各路野战军,正在向南方和西北各省,执行着自有史以来未曾有过的大进军。我们必须尽一切可能的力量,支援人民解放军,迅速解放全中国。我们后方的警备部队,已开始在全浙江展开清剿潜伏在各地的匪特,我们必须尽一切可能的力量,支援后方警备部队,巩固后方;坚决肃清潜特匪将,我们必须明白,在拿枪的敌人被消灭后,不拿枪的敌人依然存在,他们必然要用各种方法和我们作拼死的斗争。如果我们轻视这些敌人,就要犯很大的错误。

二、有计划地、有步骤地实行疏散人员,首先应动员大批难民与失业群众回乡生产,并劝导一切逃亡地主与受敌欺骗来杭的地主富农及被敌压迫来杭的农民和青年,以及那些无须留杭有家可归的所谓在乡"军官",立即各返原乡参加生产,即使其中有一部分是曾经欺压农民的地主富农,只要他能改过自新,回家生产,则当地政府与人民定能宽大处理。我们对学校和文化教育机关采取严格保护政策,但一切国民教育的计划(大学教育、各专科教育、中等教育、小学教育和成人补习教育),必须适合当前革命形势和革命任务的需要。文化、艺术、新闻工作也应当如此。

三、改变今后杭州生产方针与发展方向。无论公营或私营企业都应设法摆脱对帝国主义经济的依赖,并应把为国内生产、为中国人民服务作为今后杭州一切企业生产的方针与发展的方向。如绸织业必须是适合国内市场,又如机器业等能适合劳动人民所需要及农村所需要的农具、肥料、布匹等。因为只有国内各城市经济发展与农业生产力提高,杭州工业生产基础才有保证,才可以自力更生和摆脱对帝国主义的依赖。同时在杭州生产的各公营企业,必须精减组织,提高效率,认真做到经营企业化和管理民主化,并且必须使两者很好地结合。对私营企业必须贯彻"公私兼顾、劳资两利"的方针。必须特别注意正确处理劳资关系。我们必须把工会工作做好,要教育与团结全体工人及其他劳动者,照顾他们的利益,关心他们的生活,提高他们的政治觉悟与文化水平;但另一方面,必须防止"左"的情绪和偏向。一切要求不但要符合社会的一般生产水平和生活水平,而且要照顾各个工厂的具体情况。对私人资本家,我们除了对投机奸商因违反政府法令的行为依法取缔外,均应采取坚决保护政策。我们欢迎他们投资有利国计民生的各种生产事业(如最近准备兴建的建新面粉公司),在整个新民主主义历史时期,从事有利国计民生生产事业的自由资产阶级是我们的朋友,我们必须联合他们,和他们一同努力克服当前的困难,并向他们学习经营生产管理工厂的知识。我们城市工作的方针,仍然是遵照毛主席"发展生产、繁荣经济、公私兼顾、劳资两利"的原则去正确领导劳资关系、公私关系、城乡关系、内外关系。

四、继续动员大批共产党员、干部和工人、学生到农村去开展农村工作。必须继续动员大批工人、学生与党员干部到农村中去工作,动员广大农民群众肃清土匪、改造政权、发展生产、克服灾荒,并有系统地、有步骤地进行土地改革,使农民从封建压迫剥削中完全解放出来。这是目前全浙江人民具有头等重要意义的任务。因为只有使广大农民生活改善及农业生产提高,才能一面扩大工业品所必需的市场,另一方面供给城市更多粮食和工业原料。只有依靠广大国内的市场及广大农村供给足够的粮食和原料,才能使杭州及全浙江各城市真正走上健全与繁荣发展的轨道。过去由于我们干部首先集中进行城市接管工作,人民解放军猛烈前进追歼敌人,来不及加强农村工作,故今天浙江农村乡保两级政权,仍然大部控制在地主富农和旧保甲长的手中。他们勾结土匪及国特残余势力压迫人民,破坏社会秩序。我们必须集中力量,开展农村工作,克服目前浙江农村中所存在的严重现象。在钱塘江沿岸目前应特别加紧海塘工程的抢修。

五、发展内地交通,鼓励城乡物资交流。帝国主义指使国民党残余势力,以封锁办法来阻止和割断我内外交流的关系,为了粉碎敌人这种封锁阴谋,我们就必须迅速发展内地交通,努力改进浙赣铁路路轨枕木的情况和公路修补、养路工作以及赶修若干干线,改善内河航运,组织各种合作社,鼓励内地物资交流,加强城乡互助,以发展和繁荣国内经济。

六、实行节衣缩食,克服目前困难。一切党政军民组织,必须厉行精减机关、紧缩编制、清理资财、建立制度、节省开支、反对浪费,提倡艰苦朴素作风,克服奢侈浮华的习气。特别是我党我军干部,必须以自己模范的行动和艰苦卓绝的精神来影响和推动全杭州和浙江人民进行节衣缩食运动,来克服当前的困难。但我们精简节约的目的,是为了加强工作效率,以便发展生产,及克服目前困难。因此对一切当减当裁的机关和人员,必须坚决进行精简;但对一切必需的生产机构和工作机关则必须加强。对一切可节省和应节省的经费,必须节省;但对工作需要的开支与最低限度的供给必须保证。对被裁减的人员,必须妥善处理,不能一脚踢开。总之,一切应从生产与工作所必需出发并必须从长期打算。

这里我们还愿意顺带声明一下,我们决不因为帝国主义指使国民党残余势力向我们进行扫射封锁,而改变我们对一切外侨的政策,我们仍坚决执行毛主席朱德司令在约法八章中所规定的对一切外侨的政策,即对守法安业者必予切实的保护,对违犯法令者,必予应得之处分,对犯法改过者予以宽大的处理。

诸位代表先生们、同志们,这些就是我党克服当前困难的方针,也就是我党建设新杭州的方针,如果诸位先生不反对的话,就让我们大家亲密团结起来,共同努力,为粉碎敌人的封锁,为建设新杭州而奋斗。

杭州工人、青年学生、近郊农民、一切劳动群众及进步的文化界、产业界、和爱国的民主人士,在杭州解放前护厂护校,及其他各种斗争中给我们以很大的鼓励和配合;在杭州解放后进行接管工作,反对国民党潜伏分子破坏中,和我们亲密合作,给我们以极大的帮助。我可以说:如果没有他们的配合和援助,我们要取得今天的成绩和胜利,是不可能的。我们对杭州工人、青年、学生、近郊农民、进步的文化界产业界及其他杭州的人民,过去对我党所表示的信任和拥护,特致衷心的感谢! 我热烈欢迎杭州工人、青年、学生、近郊农民、进步的文化界产业界及一切爱国的民主人士们,在今后克服当前困难及建设新杭州的斗争中,继续和我们亲密合作!

诸位代表先生们、同志们,在我们克服当前困难,建设新杭州的斗争中,我们并不是孤立的。全世界劳动人民和全中国的人民,都是同情我们的。全杭州的工人、青年、学生、近郊农民、一切劳动群众、一切进步的文化界产业界和一切爱国的民主人士,克服当前困难与建设新杭州的纲领下都一致坚固团结起来了,我们有抗日战争中长期自力更生粉碎敌人封锁的经验,并可学习苏联十月革命后,打败了14个国家对它的干涉和封锁,建设了一个强盛繁荣幸福的社会主义国家的经验。我们有中国共产党和中国人民伟大领袖毛泽东同志的领导，他领导中国工人阶级与中国人民，经过几十年的艰苦斗争，克服了比现在大的、无可比拟的困难，取得今天这样伟大的胜利，因此，我们一定能克服我们目前的困难，争取建设新杭州的胜利！

今天这种临时性的代表会议，替将来杭州人民代表会议准备条件和基础。这种各界代表会议不但便于将共产党的方针与人民政府的政策传达到广大群众，使之成为群众的行动，而且便于将人民的意见反映给共产党和人民政府，使之成为共产党政策和人民政府法令的根据，我建议这种各界代表会议今后应多开，应常开，以便保证人民间的密切联系。

1949 年 8 月

张家口市逐步改革区街政权①

　　张家口市政府在 7 月初开始在三区古宏庙街、明德北大街,试办改革街政权组织及建立街派出所,吸取了经验。7 月中,市委、市政府、市公安局,均分别派专人到北平市学习改革区街政权组织及建立街公安派出所的经验。8 月初旬,又经市府主要负责干部充分地讨论研究,都一致认为,改革区街政权组织和建立街公安派出所,是目前张市各项建设中的重要一项。本月 15 日,市府遂做出改革区街政权组织及公安局派出所的决定:取消街政权组织,建立街公安派出所,受各区公安分局直接领导;取消各区政府,一律改为区公所。同时对派出所及区公所的性质与具体任务做出明白的规定。决定中,又指出执行这一改革工作所应注意几个问题,即对取消街政府加强派出所的意义,要普遍召开区街干部进行动员解释,使大家有明确认识。其次,在交替工作中,应事先准备好,防止混乱现象发生,以免工作受到损失。区政府应把每街的社会情况、工作情形详细加以研究,防止工作简单化。最后,在工作步骤上各区不必统一,三区已进行改造试验,一、二区应经过充分的酝酿准备后,再进行改造,一般要求在 9 月 15 日以前改革完毕。

【选自《人民日报》1949 年 8 月 24 日】

---

　　①　原文标题为《张市经过充分准备　逐步改革区街政权》。

浙江省委关于建设浙江省各级公安组织的指示(节录)[①]

本省解放不久,社会秩序尚未完全安全,蒋匪散兵游勇、特务、土匪四处骚扰破坏,人民困苦不堪,因此肃特剿匪是为当前要务,以便迅速恢复生产,城乡交流,繁荣经济,顺利进行一切民主建设,各地公安组织作为有力的配合,便能发挥所长。进行公安建设,但由于干部缺乏,许多县的公安机关均不健全,甚至未建立,使广大新解放区的治安问题无法多加照顾,严重损害党和人民的利益。省委根据这一工作的需要及目前主观力量可能发展的条件,批准省〔委〕社〔会〕部召开的"九一"公安会议关于建设各级公安组织的意见,并特作如下的指示:

(一)浙省各级公安组织的建设,应采取有重点有计划地进行。今后杭州公安局着重建立派出所和居民委员会的组织与工作。宁波、兰溪、温州、余杭、绍兴、嘉兴、金华、衢州、杭县、萧山等市县,则须于今年年底以前按照编制充实各局组织;其他各县视该专区[②]能力所及逐渐而加强,但最迟须于明年3月至6月,按照编制完全充实。

(二)为着充实各级公安组织,各地委市委必须抽调相当数量适合作公安工作的同志充任,不得借口干部缺乏,放弃这一重要任务。如有政治纯洁的工农群众及青年学生,亦可适当吸收若干,经过慎重审察,并给以政治教育与业务教育,作为下级公安人员之用。同时省公安厅开办干部训练班,培养县股长以上的干部,专局市局开办短期训练班,培养区公安员及办事员等初级干部,县局暂不开办。

(三)各级公安局的公安武装须有适当的配备,根据编制逐步充实。必须知道公安武装是做不好公安工作的,他们的装具除棉衣由省统一制发外,枪杆弹药等的补充,决定由各军分区负责解决,不得推诿不管。已录用的旧警察要求薪给制者,按当地生活程度的高低,以每月一石米左右为原则,旧职员可略

---

① 原文标题为《省委关于建设浙江省各级公安组织的指示(节录)》。

② 专区:我国省、自治区曾经根据需要设立的行政区域,包括若干县、市。1975年后改称地区。——编者注

高,但最高不得超过二石米。但杭州物价高,可适当增加。此外,如有个别特殊技术人才,需要高薪待遇者,须经省委批准后再定。夏冬两季制服及办公用品、报纸等照发,其他不发。供给制者,按县大队地方武装待遇。

(四)各地之机关、工厂、学校完成支委会的组建,可设一副支书,负责进行该部门的保卫工作。

(五)为加强各级公安局领导,各地委市委须建立党的社会部组织,由党委委员担任部长。如无适当人选,暂由书记或副书记兼任部长,公安局长为副部长。同时为便于统一领导该地公安、司法、警备部等部门的工作起见,可组织一保卫委员以加强互相的配合与联系,并由党委指定一同志担任书记。

(六)各级公安局党的组织,县以上公安局均须设立党组,以该局主要党员干部3~7人为委员,局长为组长,以加强党的领导;支部则为实现党组决定的任务,领导党员团结群众,为保障这一任务的胜利完成而奋斗。市或县直属之分局与派出所,不另设党组,而由其分支或支部担负党的责任。

(七)严格报告制度。县局以上之公安局,对该地同级党委、同级政府及上一级公安机关,应做定期的工作报告,兹规定半月1次简报,每月1次总结报告,除由于不可克服的原因,不得借口拖延或不做报告,必须坚决反对这种无组织无纪律的严重现象。如有重大事件发生,或紧要情报,则应随时以电报、电话、快邮、专差等办法,立即向有关部门报告,并准许越级及与邻境迅速通报,以便掌握时机,而免贻误工作。

【选自《中共浙江省委文件选编》1949 年 5 月—1952 年 12 月

由浙江省党史研究室提供】

杭州市取消保甲制度宣传提纲

报　　告

兹将所拟《取消保甲制度宣传提纲》草稿呈上,请核阅。

谨呈

局长　　　　洪　　特呈

秘书长　　　方　　特呈

市长　　　　江

副市长　　　吴

10 月 19 日

杭州市取消保甲制度宣传提纲

一、保甲制度是国民党反动政府时代统治人民和镇压革命力量的一种工具,名义上说是自下而上的民主自治单位,实际上却为不折不扣自上而下执行反动政令,为抽丁、征粮、派款等,压迫剥削人民的基层机构。在这种制度下,保甲长无疑是统治阶级伸张到广大城市和农村的爪牙,代表着封建主义、官僚资本主义以及帝国主义买办和奸商、市侩、地痞、恶棍的利益,作为他们的帮凶,而窒息了人民的自由,吸取了人民的膏血。20 年来,保甲制度随着蒋介石匪帮反动势力的发展,不知对人民造成和累积了多少罪恶。杭州市的情形自然也不能例外。而且在组织形式上,保甲按数目字的规定,硬把许多不同的市民生活单位割裂拼凑而强求一律,对城市集中管理的要求,也是一种很大的障碍。

二、我们在政治上和人民利益视点上,有这份理由要把保甲制度取消。而且在本市一获得解放时,我们就准备着取消这制度的步骤。我们不断地和隐藏着的国民党残余匪特斗争,维持和巩固了本市的治安秩序。同时我们在逐步进行,建立了群众团体,组织了劳动生产。旧保甲人员不管在过去反动政府时代有着怎样的过错和恶劣作风,但我们还一本宽大政策,依当时日后可能加以教育改造,使之不能再成为旧社会的残毒。保甲组织和人员经过基本的变化和改造,实际上早已完全失去作用,仅仅在名义上。我们现在才把他们正式取消。

三、新旧城市管理制度和基层组织形式的建立,为新政权和人民一致的要求。我们打算很快地建立能够适应人民利益和需要的人民自己的组织。但群众组织没有在基层普遍建立,市区各部门工作没有完全健全,各项主观客观条件没有完全具备的情况下,我们为稳步地走向城市合理的科学的管理,决定暂时采取如下的过渡的办法。

四、根据城区和郊区的不同的特点。1. 城区方面。我们决定仍旧把一二三各区区公所作为市人民政府的派出机构执行工作的助手,办理目前未能集中到市或移交至公安部门的行政事务以及市人民政府临时授权交办的事项。区公所下按各该地区具体情况,自过去 1 个保或 2 个保以至 3 个保的户口范围中,由区领导组织成立 1 个居民委员会。居民委员会下再就各居民自然生活单位,以若干户分别建立居民小组。2. 郊区方面。四五六七八各区政府暂仍存在,为政权机关办理组织自卫、开展生产、组织合作事业、调解民事以及财经文教和各种市人民政府临时委办的工作。区政府下视该区内各区域的具体情况:其属城市街道性质的,居民组织与城区同;其属半城区性质的,成立乡政府,乡政府下成立村公所,再将村公所下成立居民小组,住户分散不成村落者,将乡政府下成立居民小组,而不设村公所。

五、居民委员会和居民小组仅仅是有关居民共同利益的自由集议,同时作为政府和人民联系的桥梁,一面替政府传达必要的通告和法令,一面反映人民情况和人民对市政府的意见。委员和小组长的人选也尽可能由居民自己选举产生,或暂由区指派,这几点基本是和旧保甲制度完全不相同的。

六、这种替代旧保甲制度的暂时过渡组织,自然还不能说是完全适合城市组织形式和工作方式要求的、不可变通的固定办法,换句话说,我们并不机械地把这种有伸缩性的办法,在现阶段同时一律施行于本市任何情况不同的区域或居民生活单位,我们十分重视个别区域的具体情况及其是否有实行这种办法的成熟时间和条件。我们暂定于本年 12 月底以前逐步完成该工作,期待由这种工作稳步达到新城市管理制度建立的目标。

(略)

一、成立工作组下区工作

二、准备文件

1. 宣传提纲

2．决定与指示：首先说明为一群众组织

(1)取消的理由。(2)代替的制度(居民委员会)。(3)居委会的性质与任务。(4)委员的对象与条件。(5)由重点到全面完成期限。(6)城、郊区的分别。(7)步骤：①了解宣传；②发动群众；③选举；④一般由下而上，也可由上而下。(8)领导关系：由区主办，一切人事决定经市府批准。(9)选举的对象的成分。(10)打破顾虑但不能采取清算斗争的方式。

3．总结

三、步骤

1．宣传

2．选举：采取两级制

四、宣传提纲内容

1．保甲制度的性质

2．口号：废除旧保甲撤换保甲长

3．目的：巩固革命秩序保护人民利益

4．取消保甲的根据与条件：目前群众已初步组织

5．打破顾虑

6．城区与郊区的区别

下区工作、布置工作、检讨总结工作、群众大会

杭州市人民政府上城区公所关于废除保甲制度
初步建立居民委员会致市政府新闻室信函①

新闻室负责同志：

　　最近半个月来，我们集中力量在做"废除保甲建立居民委员会"这一工作，现在工作告一段落，一个居民委员会已经宣告成立。特将工作经过简要写成通讯，盼予检查修正，介绍浙江日报。专此，并致敬礼。

杭州市人民政府上城区公所

1949 年 10 月 28 日

　　市长批示：拟同意，在市政府废除保甲批示公布再刊登。

　　存民政科，待统一发表。

---

① 原文标题为《杭州市人民政府上城区公所致市政府新闻室信函》。

杭州市上城区公所
废除保甲制度初步建立居民委员会①

　　保甲制度是国民党匪帮反动统治的主要工具之一。多年来匪徒们凭借着这一工具，紧紧地抓住人民，抽丁征粮，进行了罪恶的屠杀人民的战争，这样一个专制的制度，谁都道是决不允许它在人民民主的今天继续存在着的。

　　10月13日，上城区公所依照市政府的指示开始进行废除保甲建立民主的居民委员会的工作。我们对这一工作是一个新的尝试，谁也没有经验。为了集中力量创造经验，我们选择了两个重点来进行，自10月13日至10月25日，经过半个月的突击工作，已有一个居民委员会宣告成立了。这个居民委员会的区域打破了旧保甲的界限，依照街道自然的形态划定，共有居民2000余户，选出了9个居民委员，其中有工人、有手工业者、有小商人、有知识分子、有公务员、有工厂经理，包括了各阶层的分子，因此，它的基础是很广大的。居民委员会之下分划40个小组，每组有居民50户左右，公推组长1人，副组长2人，帮助政府传达政令，反映民意，协助处理治安、卫生、生产等工作。

　　工作进行的步骤是这样的：首先分区召集群众，扩大宣传，为什么要废除保甲制度？怎样废除保甲制度？居民委员会的性质怎样？接着纷纷召开百人左右的小型居民座谈会，具体讨论居民委员应有的条件，并提出居民委员的对象。会后区公所同志普遍地深入访问了这些对象，征询了他们的意见，聘定候选人，再由群众推举代表召开选举大会，投票选出居民委员。群众在废除保甲建立居民委员会这一过程中，基本上普遍表示满意，情绪也很高。各次会议，宣传会也好，小型座谈会也好，到会人数都达应到（以每户1人为标准）人数的一半以上。尤其是投票选举的那天，情况更为热烈，投票代表共计221人，实到投票者200人，参观的约50人，代表们很整齐、很有秩序地坐在半圆的会议厅里，后面拥着一群参观者，选举仪式严肃而庄重，群众高唱着国歌。选举结果由群众自己开票，开票的时间花了20余分钟，可是群众都拥着不散，等待选

---

　　①　原文标题为《上城区公所进行废除保甲制度初步建立居民委员会》。

举的结果。这时,他们兴奋地谈论着,一个妇女说:"老百姓当场选举出来这才是民主的选举,以前国民党时期的选举都是暗地商量好了的"。当主席宣布选举结果时,会场中扬起了一阵热烈的掌声。当选的委员们说:"居民委员会的组织凡事大家商讨,这是最好的民主方式。""我们荣幸地当选,以后一定为人民服务,希望人民多批评和指导。"选民代表也说了话,铁路工人吴学源说:"为人民服务,要积极要努力,不可有一定顾虑,有一点勉强。"

在工作的过程中我们遇到了不少困难,工作上发现有若干偏向。同时,在解决困难与纠正偏向中获得了若干经验。

最大的困难有两点:(一)居民多互不认识,选举困难。城市中的居民,职业上的关系多,而邻居之间很少往来。所以虽近在咫尺,也不知道你的名字职业,重门深闺的人家更不用说了。因此在小组座谈提对象的时候,大家都有些困难。(二)还有些居民对于居民委员会的认识不够,或者工作忙怕麻烦,因此对应选居民委员或小组长尚有若干顾虑。

居民是散漫的,他们有不同职业,不同的成分,多样的性格,因此要工作深入,与群众密切联系,必须用加倍的时间与力量,这一点我们是做得粗枝大叶很不够的。

对于当选而不肯担任职务的居民,我们采取耐心说服的方法。个别的到他家里去访问。这个方法收到了很大的效果,例如三轮车工人高顺元,他是人力车公会的小组长,群众又选上他当居民小组的组长,他的妻子坚决不叫他当。她说:"当了两个组长天天开会,拉车的功夫没有了。"我们到他家里去访问鼓励了他,说服了她,他们很愉快地接受了。

人民,尤其是劳苦大众渴望改善他们的生活,我们把成立居民委员会的工作和组织生产(主要是消费合作社)的工作配合起来,很受人民的欢迎。我们正在努力,要求继居民委员会成立之后组成一个合作社。

(上城区公所通讯小组)

上城区区长田奎荣

地址袁井巷六十五号

杭州市民政局取消保甲建立居民组织[①]

（一）我们对取消保甲的认识

保甲制度是反革命统治和欺压人民大众的工具，是国民党伪政权伪法统的基础，是执行反动政令与窒息人民生活自由的基层机构，帝国主义、封建主义、官僚资本主义等一切反动势力都利用了这个制度，通过这种机构来压迫和剥削人民。保甲人员无论其个人行为如何，其一切工作都是为着反动势力服务的，他们不仅与人民无利，而且是与人民有害的。目前本市群众运动已相当展开，广大人民的政治觉悟已相当提高，取消保甲制度，撤销旧保甲长，已成为广大人民一致与迫切的要求，而建立新的居民组织的条件亦已成熟，故必须迅速坚决地布置工作、贯彻任务。

（二）建立居民组织的目的

1.动员组织群众，团结教育群众，提高群众的政治觉悟，建立人民民主管理城市的基础，使城市革命秩序获得进一步的巩固。

2.广泛反映人民的意见，传达和推行政府的政策法令，加强政府与群众的联系，人民直接协助政府来做好城市的管理和建设工作。

（三）居民委员会的性质

1.各阶层人民群众联合的组织，具有广泛的代表性。

2.民主团结，教育提高和行政管理相结合。

3.人民自己选举，政府集中领导（初期可选举，但亦可指定）。

（四）居民委员会的具体任务

随客观形势的发展与需要决定就目前而言任务应该是：

---

① 原文标题为《民政局工作中的几个主要问题及其今后工作方向　取消保甲建立居民组织》。

1.普遍而深入地开展防特、防匪、防火等有关社会治安方面的工作并办理户籍。

2.传达和推行政府的政令,反映群众的意见。

3.响应政府恢复和发展生产的号召,积极地动员和组织群众,普遍地参加生产并组织各种合作社,吸收劳动群众为社员,改善劳动群众的生活。

4.推动与领导群众正当的文化娱乐活动,提高群众的政治文化水平,改革旧社会风尚。

5.举办各种福利救济事业,拥军优抚,协助政府保护交通,保护公共卫生。

(五)居民的区划和组织形式

1.就派出所辖区范围内,以100户至200户建立一个居委会,在居委会下由30户至50户成立一个居民小组,户数的多少视自然环境,居民生活单位和户籍警的管辖范围等具体情况决定之。

2.居委会由居民选出委员7～9人组成(户籍警为当然委员①),互推正副主任委员各1人,并按实际生产需要分设生产、公安、民政、文教、卫生等小组委员会,由委员分工领导,居民小组由居民选出正副组长各1人。

(六)居民组织的领导关系

1.区公所(区政府)领导公安分局,公安分局领导派出所,派出所领导居委会。

2.由区公所(区政府)发动号召组织人事的决定,每次选举须经市府批准公布。

(七)推行工作的关键

1.迅速展开广泛而深入的宣传动员工作,提高群众自己当家办事的观念,克服其对保甲制度的麻痹现象和对旧保甲人员的畏惧心理,以及穷人不能办事与不愿办事等消极情绪。

2.迅速宣布取消保甲制度,撤除旧保甲人员的职务,但须注意抓紧教育与改造旧保甲人员以减少工作中的阻力,同时责成他们负责办理移交,不得从中阻挠和破坏。

---

①　当然委员:一些有专业能力或者是部门主管人员根据上级或者委员会的主管部门建议或者批准不经选举产生的委员,或者有法律规定不经选举或批准产生的委员称为当然委员。——编者注

3. 注意在各种群众工作中发现积极分子，团结他们、提拔他们、鼓励他们，勇敢地负责办事，使他们成为这一工作的骨干和核心。

4. 进行工作时由重点着手，吸取经验后再逐渐全面展开，在群众工作基础较弱的地方，采用砌宝塔的方法由下而上先成立居民小组，再行产生居委会。

5. 全部工作拟在明年 2 月底完成。

杭州市人民政府江干区公所居民委员会工作计划简报

我们江干区对于成立居民委员会曾与江干区分局的同志做了一般的研究,兹将本区的一般情况及研究结果简述如下:

甲、辖区范围的一般情况

本区所辖地形是西南东北斜长约50华里,宽2里3里5里不等。因全区尽是沿江故名江干,水陆交通均甚便利,共有19个保,12440户,54300人。江干区分局下设立5个派出所,人口最集中的地区是西起钱江大桥(闸口辖区),东至清泰门外(天王桥辖区)。内中人口特别集中的地方是南星桥派出所辖区,其次是闸口、望江门、凤山门,所辖区这一段集中地区的人口占全区人口90%,占地面积十分之六。内中唯有望江门辖区内的十一保与十四保之间沿江一带有400余户,居住较为分散,但离分局及南星桥派出所、望江门派出所均甚近。

乙、力量的配备与重点的确定

本所与江干区分局共抽出工作同志8人,分为2个组。

1.区公所前在十四保成立了农会,已有些基础,故确定以区公所同志为主,分局配给1人统一进行工作,此地作为一个工作重点。

2.分局以机关驻地附近的第九保为重点,即以分局为主进行工作,本所抽出查宗羡同志1人,与之统一进行工作,现已为时半月之久。

丙、地区的划分

因地区广阔繁杂,更加情况又不十分熟悉,再者又因分局的负责同志正在公安部开会,故未深入仔细地研究与协商,且在初步研究时尚有一些意见不一致的地方,即望江门派出所与南星桥派出所与分局之间的400余户半农村性质的地区,本所的意见认为农村应建立村的组织,分局的意见认为是郊区虽是半农村性质,然离分局及南星桥、望江门两派出所均甚近,且两端均是人口集中的地方,为了今后便于领导与工作,应建立居民委员会,比较适合。因有此二意见,故未得结果,应请上级指导解决。

丁、方法

首先召开各种会议进行宣传废除保甲制的道理,居民委员会和保甲制的区别及建立的目的,使得多户多人均得了解。

从宣传教育中个别地找积极分子,通过他们发动群众找出代表,然后按情况用指定的方式或选举的方式产生居民委员会。

江干区公所

11 月 19 日

杭州市各郊区建立乡村政权情况

一、工作计划与布置

保甲制是国民党反动派统治政权的一部分,是用来统治人民和镇压革命力量的一种工具,执行反动政令、压迫剥削窒息人民生活自由,基层机构必须迅速坚决彻底摧毁,而建立起在民主基础上的包括多阶层人民的居民自己的组织,通过它发动群众、组织群众、联系群众、推行政府法令、反映情况,作为与政府的桥梁,以及办理福利、救济、生产、户籍工作,使人民学会自己管理自己,管理城市。

摧毁保甲,依城乡的不同,分别建立居民委员会和乡村政权,在城区的原居民委员会下设若干居民小组,郊区则一般为乡政府及村公所,下设居民小组。在郊区的有街道情况的亦可建立居民委员会,工作计划为先重点进行,创造与吸取经验,全面展开并决定于12月中旬以前全部建立完成,12月后半月则检查总结检讨工作。

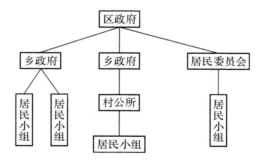

二、工作进行

在工作进行过程中发动群众、组织群众,搞合作,生产农协等工作,通过这些组织及各种会议,发现、培育、组织积极分子作为在建立乡村政权中的骨干。

1.西湖区已建立有6个乡政府。

2.江干区现在□第二保已成立居民委员会,乡村政权现正在通过减租减息、组织农民协会等工作,在普遍展开□□建立,在云栖乡一带最近即将可完成。

3.艮山区已建有 5 个乡政府,并拟将创立 10 个乡。在已建立乡政府下建有 30 多个村公所。

4.笕桥区除拟在街道建立居民委员会外,在农村现正在展开减租减息,组织农协等运动酝酿组织建立乡村政权。

5.拱墅区在现阶段中尚未建立乡政府,但已普遍建立了村公所。

三、工作中困难问题

1.目前在宣传酝酿工作中感觉没有明确宣传动员的口号和具体的工作指示办法,且市府与公安局布置工作一再地发生不统一现象,现各区工作多能顺利进行,因而思想上苦闷,希望上级作一明确的指示。

2.半农村性质的城郊区,究应建立何种组织形式,请上级统一明确规定,否则很难决定了。江干区所提的在该区望江门派出所、南星桥派出所与公安分局之间的 400 余户,区公所认为应建立村□组织,公安分局则认为应建立居民委员会,区局间意见未能统一,请示上级决定。

3.在已建立的乡村政权中所选出的干部□□贫苦劳动的积极群众,平日需靠做工度日,因忙于公务致有生活问题发生,甚至引起家庭纠纷影响工作,□□很大,需急速妥善解决(已有报告送请批示)。

长春市人民政府统一街公所与公安派出所的令^①

（政民字第 522 号）

　　为统一街公所与公安派出所名称，仰即遵照由本市区公所所管街公所与公安分局所辖公安派出所名称有的尚不一致，为了统一区划名称，便利群众了解，特将街公所与公安派出所名称统一如下：

　　中华区桂林街公所——第四分局同治派出所均应改为"桂林"。

　　中华区永昌街公所——第四分局义和派出所均应改为"永昌"。

　　中华区兴仁街公所——第四分局富锦派出所均应改为"兴仁"。

　　中华区东朝阳街公所——第四分局朝阳派出所均应改为"朝阳"。

　　头道沟区北平街公所——第二分局北京派出所均应改为"北京"。

　　宽城区民生街公所——第六分局民主派出所均应改为"民主"。

　　仰各区街公所、公安分局、公安派出所即遵照办理为要。

　　此令。

【选自《长春解放》1949 年 11 月 28 日】

---

　　①　原文标题为《长春市人民政府令》。

长春市人民政府关于改变区、街政权组织形式的总结

（政民字第 533 号）

呈送改变区街政权的总结由

周主席：

二十一日电悉，兹将本市改变区、街政权经过情形及我们取得的部分经验总结报告一并呈送，请审核转报民政部为祷。

谨呈。

附：长春市《改变区、街政权组织形式》共三份。

长春市人民政府

市　长　张文海

副市长　申力生

改变区、街政权组织形式

过去区、街政府经过了 8 个月时间做了很多工作，如救生埋死、清扫卫生、开办夜校、宣传政策、教育群众、废除保甲制、建立居民组、进行工商登记、劝购公债、民事调解、介绍职业、安置落户、进行优抚救济等工作，有成绩，特别在进城初期它起了一定的作用，完成了它的历史使命。

1. 根据城市经济、政治、文化都很集中，交通便利的特点，为了适应恢复发展生产进行经济、文化等各种建设，加强城市管理的需要，组织形式应有所改变。根据"市级是城市工作基本单位"与"警、政合一"的原则，参考各城市经验与本市实际情况，决定取消区、街两级政权，工作尽量集中统一于市，加强公安派出所，改设区公所，过渡期间暂留街公所，成为市政府派出代办机关。

2. 这个工作进行中，从 7 月初开始分别召开了区书、区长、民政股长、街长、公安分驻所长、居民组长、群众等各种联席会、座谈会，动员讨论，深入调查，7 月底已大体研究结束，9 月初才正式决定宣布改变，中间拖延等待了一个阶段。一方面我们一开始即采取了慎重的态度，开始有些同志看到平津及东北各城市取消区、街，有的主张干脆都取消，有的主张区公所也不要。我们说，

"改变是定要改变,问题是如何改变及采取什么步骤,不是为改变而改变,盲目地赶时髦,要经过调查研究,找出根据、提出办法,再变不晚。宁晚勿乱"。后来又鉴于其他城市改变后的经验及某些问题(如派出所组织任务、区要不要、区公所与派出所关系)尚未取得明确一致,防止变得不好形成"群众找不到、上边管不了及有些工作没人管"的现象,已经迟了就迟了吧。后来高、林主席报告发表后,才更加明确了。但在研究的过程中,由于变的消息传出去了,又拖了一下,区、街干部在思想上表现出有些动荡不安,如胜利区一个街干部说"街政府干部退后五十步听候改编"。一般的表现出工作不安心,不知调到什么地方工作,有的不愿到公安派出所去,有的怕失业等。在干部调动与集中改变的步骤上、时间上、物资接交上,虽然有了明确规定,执行过程中也有些乱,如老区长在未公布前陆续调上来,而未及时决定新的区长代替,中间空了一下,形成群龙无首、没当家人的现象。区的工商股在未经正式统一宣布前即自动集中了,其他股的干部受到影响即动荡起来。一部分派出所根据领导内部决定,自动把街公所参加户口登记的干部留下,街上其他干部弄不清怎么回事。整个街上干部配合,开始计划将街长、副街长、较好的街委员大部分都决定配备到派出所或调其他工作,街公所剩下的多是新采用的办事员,配备不起街长来,又重决定了一些街委员回来当街长。宣布改变后,接交物品上本来规定统一交财政局,但秘书处也去接收区政府的桌椅及用品。当然这些只是个别现象,有些及时发现纠正了(如干部思想动荡、开了几次会进行动员)。由于领导上采取稳重的态度,经过了缜密、深入的调查研究,一般的还未怎样大乱,群众没乱只是我们自己内部乱了一点。

经过这次研究,我们觉得有几点很不成熟的体会与问题提出研究参考:

(一)根据城市集中的特点,无论从建设与管理城市出发,都不需要再有市、区、街三级政权的存在,否则势必形成分割、不统一、层次重叠、多头领导、政出多门。在经济文化各种建设上,区、街既没有生产关系,又非文化、行政单位(如水、电都是市的),因此不能单独决定与解决问题。过去是市里有啥,区也有啥、也做啥,市里很多工作都经过区、街进行(甚至如组织生产、工商业登记、职业介绍),事实上解决不了问题,只是形成层次重叠、手续复杂、徒增群众麻烦,且易造成领导上的官僚主义。在管理城市上亦必须集中统一,如各区自行募捐、群众清扫卫生、户口管理、民事纠纷,如不统一亦影响很大。双重领导则易形成互相包办或推诿,群众麻烦,坏人容易钻空子,不如统一管理好。所以我们认为"市是城市工作的基本单位"与"警、政合一"的原则是完全正确的。

　　（二）根据长市社会经济状况特点：是一个伪满国都、官僚消费城市，非生产人口、封建反动残余势力、游民、有闲阶层占着相当大的数量，又经过国民党的黑暗统治、惨重破坏，造成人民经济破产及很多不正常的社会问题（如民事纠纷等）。解放后虽努力恢复，但目前真正有正当职业的人口尚为数不多，而群众纠纷还是不少。因此如何对此广大无组织群众进行管理及发扬民主，以及某些暂时不易集中的工作如何进行等，是需要很好研究的问题。除了依靠各种有组织群众，用纵的线联起来（如工人、青年……这是主要的），与运用人民代表会及通过各行业进行管理，发扬民主，再就是加强公安派出所。如果派出所根据警、政合一的原则，不仅管理户口违警、除奸肃特、维持治安等，并且将原街政府不易集中与一些必要的工作（如传达政令、反映民意、调解纠纷、优抚救济、清扫卫生及其他有关政府临时交办的必须工作）管理起来，不仅对封建残余势力、游民阶层进行统一管理改造，而且还应对一些散在街道的无组织的劳动者、基本群众（如无组织的散地失业工人、独立劳动者、肩挑小贩、家庭妇女、失业青年等）进行民主管理，解决他们的问题，对其进行教育，参加些街道工作，使其逐渐走向生产，参加群众组织。这样，街公所是可以取消的。在街公所取消后，应在派出所设 1～3 人，负担以上这些属于民政的工作。

　　（三）较大城市，我们觉得有些工作在城市的集中领导下，还必须有其派出的办事机关。如果人民的一切事情无论大小、轻重缓急，都跑到市里来解决，那会忙不过来，使工作效率降低，群众也不会称便。居住集中、交通便利不是绝对的，边上群众有困难。因此设区公所成为市府派出的代办机关，还是需要的。只是区公所人数太少，下边没脚不好办事。因此我们建议，如果取消街公所，应当规定派出所，平津实行区书、区长、分局长三人小组会是成功的经验，区公所并应通过派出所管民事的干部做些工作。至于过去群众不愿接近派出所，愿到街公所去办事，只要原街政府干部加上原分驻所的干部组成新的派出所，工作也合并就可解决。这里还要对群众进行教育，克服以看旧警察的观点来看我们革命的人民的派出所。另外某些个别派出所人员的作风有了转变，多接近群众就自然可以解决。

　　　　　　　　　　　　【选自《长春解放》1949 年 11 月 30 日】

杭州市人民政府关于取消
保甲制度建立居民委员会的工作指示

　　一、保甲制度是反革命统治和欺压人民大众的工具,是国民党伪政权伪法统的基础,是执行反动政令与窒息人民生活自由的基层机构,帝国主义、封建主义、官僚资本主义等一切反动势力,都利用了这个制度通过了这种机构来压迫和剥削人民,使中国人民受尽了不少痛苦。旧保甲工作人员,无论其个人行为如何,其一切工作都是为着反动势力服务的,他们不仅是与人民无利,而是与人民有害的。

　　杭州解放后由于我们缺乏管理城市的经验,对情况还不熟悉,群众运动还没有广泛地展开,群众组织还没有普遍建立,一般群众对人民政府的政策法令还缺乏认识,所以我们没有立即把这个反动的保甲制度取消。但是半年来由于我各级干部的艰苦工作,群众运动展开,广大群众对人民政府已有了进一步的认识,人民的政治觉悟已逐渐提高,因此建立新的居民组织的条件已局部成熟。在今天,迅速坚决地取消保甲制度,撤销旧保甲长,建立新的居民组织,不仅成为可能,而且是广大人民群众一致的迫切的要求。

　　二、建立新的居民组织的目的是在动员组织群众,团结教育群众,使人民自己来真正当家办事,应在"自己当主人,自己来办事"的口号下去提高群众的政治觉悟,建立人民民主管理城市的基础,并使城市革命秩序获得更进一步的巩固;同时新的居民组织,必须能广泛地反映人民意见,传递和推行政府的政策法令,加强政府与群众的联系,协助政府来做好城市的管理与建设工作。

　　三、居民委员会的具体任务是随客观形势的发展与需要来决定的,但就目前的情形而言,它的任务应该是:

　　第一,普遍而深入地展开防特、防匪、防火等有关社会治安方面的工作,以及办理户籍,保护交通等。

　　第二,传达和推行政府政令,反映群众意见,使其成为人民与政府之间的桥梁,加强人民团结,维持社会秩序等。

　　第三,响应政府恢复与发展生产的号召,积极地动员与组织群众,到各种各样的、大大小小的生产中去,普遍地发展生产,组织各种合作社,吸收劳动群众为社员,改善劳动群众的生活。

第四,推动和领导群众正当的文化娱乐活动,提高群众的政治文化水准,改革旧社会的风尚等。

第五,协助政府进行城市的公共卫生工作,增进人民健康,举办各种公共福利事业。

四、新的居民组织,必须是具有广泛而完整的代表性,是各阶层人民群众联合的组织,但它不是一级政权机构。公安分局派出所管辖的范围内,可视具体情况,以 100 户至 150 户或 200 户建立一个居民委员会,由居民中选出委员7～9 人组成(该居民区的户籍,应为当然委员),委员中互推主任委员、副主任委员各 1 人,负责领导与办理日常事务(目前已经由 400 户至 500 户组织起来的居民委员会,则待以后适当时机重新调整之);而委员会的本身,可视其具体任务的需要分别设立生产、公安、民政、文教、卫生等小组委员会,由正副主任委员以外的居民委员分工领导,在居民委员会之下,由 30～50 户成立一居民小组,由居民选出正副组长各 1 人。至于每一居民委员会与每一居民小组中所包含的户数,虽有数字的规定,但不应机械地来划分,而应适当地照顾自然区域的环境与居民的生活单位及户籍警的管辖范围等具体情况。

城郊各区则除部分街道地区可依上述原则方法建立居民委员会与居民小组外,其余农村地区则可建立乡村政权,其组织办法,依据浙江省人民政府之规定。

五、居民组织的领导关系,决定区公所(区政府)领导公安分局,公安分局领导派出所,派出所领导居民委员会。

目前发动组织时,应由政府(区公所)号召,人事的决定与选举亦由区负责呈请市府批准后公布。

六、在工作步骤上与领导思想上应注意的几个问题:

第一,各区局必须迅速地共同组织力量,统一步调,打破顾虑,克服困难,全力进行这一工作,不应再对旧保甲人员存在任何依赖或利用的倾向,这将会使我们脱离群众。

第二,迅速展开广泛而深入的宣传动员工作,利用各种群众运动与群众集会提高群众自己当家、自己办事的观念,应克服其对保甲制度的麻痹与对旧保甲人员的畏惧心理,克服其"穷人不能办事与不愿办事"等消极情绪。

第三,迅速宣布取消保甲制度与撤除旧保甲人员的职务,但须注意抓紧教育与改造旧保甲人员以减少工作中的阻力,同时要责成旧保甲人员负责办并交代,不得从中阻挠或破坏。

第四,注意在各种群众工作中发现积极分子,团结他们、提拔他们、鼓励他们勇敢地负责办事,使他们成为这一工作中的骨干与核心。

第五,进行工作时须由重点着手,获取经验后,再逐渐全面展开。在群众工作较有基础的地方,可采用搭架子的办法,由上而下,先成立居民委员会,然后再由委员会领导成立居民小组;在群众工作基础较差的地方,则应采用砌宝塔的办法,由下而上,先成立居民小组,打好基础,然后再成立居民委员会。委员与小组长一般应由选举产生,必要时,也可采用指派或代理的办法。

七、各区公所(区政府)与各公安分局,应迅速组织力量,务期于明年2月份以前完成这一取消保甲建立居民委员会的工作,并作总结检查。

杭州市人民政府

1949 年 12 月 1 日

杭州市上城区公所取消保甲制度
建立居民委员会半年工作总结

一　成绩

（一）这一工作是 10 月 13 日开始的，到现在刚好 2 个月，这是目前区公所中心工作之一（另一是组织生产，以消费合作社为主）。大家很重视，所以虽然时间很短，经验缺乏，仍旧能在 2 个月中完成 14 个居民委员会的组织。这 14 个居民委员会分属于 5 个派出所管辖，共有居民小组 187 个，居民 9738 户，占全区户口三分之一强。

由于没有经验，最初成立的 3 个居民委员会区域太大，最大的有包括 50 多个居民小组的，以后必须加以调整。其余 8 个居民区则是按照市府指示完成的，每个居民小组有居民 30 户至 50 户，每个居民委员会辖 3 个至 5 个居民小组，有居民 100 户至 200 户，居民委员会有委员 7 人，居民小组有正副组长 2 人（未接指示前也有 3 人的）。委员和组长包括各阶层而以自由劳动者占多数，工人中产业工人很少，大都是人力车工人、小贩店员、手工业者。

（二）居民委员会和组长尚未普遍展开业务，但对于组织消费合作社已经尽了不少力量，上城区现有 3 个消费合作社。这 3 个消费合作社的筹备动员和组织都有居民委员和小组长参加，例如上城区第一消费合作社的筹备委员，第二消费合作社的筹备委员，第三消费合作社的筹备委员和经理，都是居民委员，居民委员毛文锦（竹匠工人）、翁钦元（小商人）、余流柱（茶业公司高级技术员）、陈道彰（学生出身的店主）等工作更为积极。

（三）已经完成居民委员会组织的地区，老百姓大部分已经知道保甲制度取消了，他们不再找保甲长去开什么证明之类，对于居民委员会已有相当认识，知道组长委员确是和旧保甲人员不同，他们确是为人民办事的，因此无形中对于委员组长有了重视和尊敬。但是居民之中，有少数尚不能打破城市小资产阶级的自私自利的个人主义观念，虽然明知这是一种光荣的服务人民的工作，可是仍不能完全消除顾虑勇敢地参加这一工作。

二　组织领导

在组织居民委员会的工作中,干部之运用大致可分两个阶段:

(一)在开始的一个阶段

因为大家没有这样的经验,居民委员会的制度也还未确定,为了减少工作中错误和偏向,所以把干部集中运用,便于掌握。在这一个时期中,具体的分工是这样,区里干部主要负责划分居民区域及居民小组之范围,宣传大会、选举大会中掌握会场之全面,向群众之宣传,了解调查对象,在会外收集群众反映,教育候选委员和组长,保干事负责召集群众,布置会场,协助了解候选委员小组长状况,绘画居民区及居民小组之地图。

在一个居民区开始宣传组织之前,制定详细的工作计划和日程,召集全体干部和保干事讨论后,各人按照计划执行,每天晚上宣传会或选举会之后,举行汇报,并加以记录,以求改进。居民委员候选人由干部调查了解汇报后确定,并由领导考查候选人的成分与各阶层的代表性,必要时领导召集候选委员举行谈话、慎重检查。

(二)第二个阶段

因为经过第一阶段的集中工作,领导上掌握得紧,大家已经掌握了若干经验,第二阶段中又因为居民区的范围缩小,居民区数目增加,因此把干部分成3组,第一组由秦秘书领导,第二组由史培卿、孔斌同志领导,第三组由莫续刚、孟梅同志领导,每组各有5位保干事协助,各领导几个居民委员会的建立,但是组织的计划和日程还是统一的,每天晚上3组汇报工作,以便及时解决问题,居民委员候选人的确定也是经过大家讨论的。

三　宣传动员

(一)宣传

宣传采取召开群众大会的方式,会中说明三点:第一,为什么要取消保甲制度,因为保甲制度是国民党反动政府,统治人民大众的工具,是反动政府的基础组织。第二,如何取消保甲制度,说明人民必须有自己的组织,否则就不能把人民的事情办好。因此,必须建立居民委员会,并说明居民委员会的组织和成立的方法。第三,居民委员会的性质如何,居民委员会是人民民主的最好方式,是人民当家、人民自己办事的组织,并和旧保甲制度比较其不同的性质、形式和任务,说明居民小组长、居民委员,绝对不同于旧保甲人员,此外,对于不同的阶层针对他们不同的思想加以说明。

第一,对旧保甲人员,说明他们个人有好的有坏的,以前替国民党极少数人服务是错误的,对于人民没有功劳只有害处。现在要建立居民委员会了,这是人民的组织,应该好好地协助政府。在居民委员会成立之前,他们应好好执行人民政府交付的任务,将功赎罪。

第二,对一般居民的宣传教育,着重自己当主人、自己来办事的思想教育,打破旧社会只扫各人门前雪、不管他人瓦上霜的落后思想,使他们明白居民委员会的组织和内容,重视居民委员会慎重选举,通过居民委员会把力量集中起来。

第三,对候选人及当选委员组长的宣传教育。对候选人的宣传主要是打破他们的顾虑,放手大胆勇敢地站出来,来做这个工作,对于工人劳苦群众克服"穷人不能办事不肯办事"的思想,说明劳动创造世界,工人有力量,只要肯干肯学习,一定能够办事,说明工人是人民民主专政中的主体和领导,要把城市管理好一定要有工人们来参加。对当选委员及组长则告诉他们的任务,为人民服务是光荣的,他们和旧保甲长是完全不同的,他们的作风也应不同。告诉他们如何不断学习建立新的为人民服务的态度与作风,并结合具体的业务,如办好消费合作社,替解放军借东西等,予以教育。

（二）效果

宣传和教育的效果是显著的,尤其是在劳苦大众中收效更大,开始的时候个别居民反映说:"我们的保长很好,改选是多事。"或者在选举时说:"我们的甲长很热心,我们仍旧选举他可以吗?"现在大部分居民都已知道保甲制必须取消,居民委员会必须建立。选举旧甲长或流氓,或全部选举上层分子,这种用以塞责的情形也少了。当选委员或组长的,以前很多是推诿不肯负责,现在也显然减少了,这主要有两个原因:第一,我们宣传动员的方法有了进步,能够抓住他们主要顾虑加以说服;第二,全区三分之一强的地区已经建立了居民委员会,传闻开去,居民知道这事,思想上有了些准备。

候选居民委员,起初说工作忙不肯干的,经过座谈的方式及个别的访问教育,后来大都能愉快接受,而且以后有的工作得很积极,例如羊市街的人力车工人，他的老婆起初坚决不让他当，经教育后都同意了，而且很喜欢。

旧甲长们以前在会内会外，活动的很多，现在显然减少了。

（三）检讨

宣传动员工作中有两个主要缺点：第一，初期宣传工作中有的老不注意谈出"穷人翻身"这句话，使城市中庞大的其他阶层发生怀疑，态度冷淡。第二，对于旧保甲人员和保甲制度不分，笼统打击，对保甲长个人和保甲长的任务不分，笼统打击，而且不曾调查他们具体劣迹，就笼统地教条式地加以打击，因此群众不同情。第三，宣传不够普遍，而且今天宣传来听的是一批群众，明天选举的来投票的是另一些群众，大家不接认，因此选举时可能不够慎重。

四　居民组织领导

（一）组织的原则和形式

依照市府指示，居民区自 100 户至 200 户选举委员 7 人，居民小组自 30 户至 50 户选举正组长、副组长共 2 人，其区域的划分系按照街道自然完整，居民的生活单位和户籍管理便利为原则。

（二）委员和组长产生的方法

先开小组座谈会由群众提出对象，经过会中初步了解讨论，会后详细的访问教育，照顾地域的分布，各阶层的代表性及他本人的积极与否指定了正副组长，取消了那些不合要求的对象，确定委员候选人，再召集群众开会通过小组长，并投票选出居民委员。

（三）委员和组长的条件

委员会必须以工人阶级领导、有各阶层参加，委员和组长在地区上也分布普遍，此外本人尚须具备下列几个条件：

1. 政治条件：认识清楚，没有反动行为，重视劳动人民。

2. 出身成分：以工人阶级为主，并须有小手工业者、小商人、知识分子、开明士绅参加。

3. 群众印象：认为积极热心、公正，没有贪污行为，没有做过对不起群众的事情。

（四）对委员组长对象的思想领导

用集体座谈、家庭访问、个别谈话等方式进行对他们的思想领导，提高他们对居民委员会的认识,明白这是光荣的任务,积极参加这一工作。这一思想领导的工作,必须认真做好,否则居民委员会就不能建立起来,打破他们"工作忙没有时间""穷人没有时间,也没有能力、没有资格做事情"的思想。

(五)检讨

1. 在工作方法上联系群众不够,群众很少主动地向我们反应情况,因此无论选择对象、了解对象,依靠干部个人的力量多,依靠群众力量的少,有些对象有问题,我们没有及时了解出来。

2. 委员和组长中缺乏强有力的产业工人参加,事实证明开会时有着有组织的工人参加,会议就开得很生动,人也选得好。

3. 居民委员会成立后,教育领导不够,有些工人小组长和委员虽然很热心,但技术上出些问题。例如中山南路居民区小组长戴金师(理发工人)为了开会的便宜,向居民募款 5000 元买了一个铃,这事虽然经过大家的同意,但终究是不必要的,而且不该这样随便募钱。还有个别的小组长仍不肯负责,这都是领导教育不够的缘故。

4. 与派出所联络不够,居民委员和居民小组划分的时候,没有确定查明户口,因此有几组户数出入颇大。居民委员会的任务关系派出所的最多,没有派出所参加,我们所说的任务是空洞的。

五 经验教训

根据上面的检讨,这 2 个月的工作经验告诉我们应该注意下列各点:

(一)宣传必须广泛深入,要宣传广泛必须通过各种宣传方法来进行,目前可做的,除了我们自己召集的群众大会以外,还可以召集各小学的政治常识教师,通过各校的小学生去宣传;另一方面多在报上写通信,使各机关、各阶层居民都知道,现在解放军借东西。政府机关处理地方事务仍有不少依靠保甲长的。要宣传深入必须在开宣传大会时由各户主要人员出席,不能以妇女老幼塞责代替,宣传的内容必须结合具体情况活泼动听,不宜教条式地背诵提纲。

(二)在组织上应发动有组织教育的工人群众参加,江市长在百货业工会成立时在会上说:"要把城市管理好,要把人民民主专政搞好,工人们必须参加到居民委员会中去"。这是一件很重要的事情,可是在我们的组织中有组织的工人很少,以后宜注意与当地工会联络发动工人参加。

（三）在选举或提名时，要注意各阶层广泛的代表性。一般人民仍存在一种错误观念，"不相信劳动群众能办事情"，所以我工作同志必须掌握会场，使委员会中基本群众得到优势。

1949 年 12 月 12 日

杭州市民政局半年来工作总结报告

一、工作情况

我们根据完成接管、改造、建造的方针,半年来在主观上说是一个学习管理城市、吸收工作经验的过程,这个过程的一般情况可分为两个阶段。

接收管理阶段——这个阶段是在5月至8月份,由于杭州解放不久,不明情况,业务生疏,对接收工作的艰巨性和复杂性又认识不足,以致性急忙乱,缺乏条理系统,发生情况招架不住。在发生新旧交替中,都表现出情绪不安,思想动荡,所以这一阶段的工作特点表现是混乱被动,摸索前进。不过,人少事多,积极苦干,基本上还能完成接收和管理的任务,接收了48个单位和大宗物资,尚能做到大公无私,对人民负责,没有乱抓物资、乱打旧人员的现象。同时,也建立了机构,配备了干部,建立起来的机构有民政科、地政科、社会科、园林管理处、地籍整理处和救济机构中的保育院、安老院、福利社等,并兼管卫生工作,配备的人员,干部120余人,工人170余人。

改造建设阶段——这一阶段从9月份开始至年底,经过了前一阶段的摸索实践,对工作的情况已有了初步的了解,对业务也有了一些认识,于是从研究方针、创造经验出发,稳步进行改造建设。首先对接收下来的旧机构、旧物资与旧人员进行了整编,清理和思想改造,在此基础上,全局的工作才获得了全面的展开,并突破了重点。由于工作的展开,重点经验的获得,干部思想也连带地稳定下来,并重视了经验总结,部分地改变了作风,在工作上争取主动。所以这个阶段工作有了一定成绩,如有重点地展开了社会救济事业,认识了取消保甲、管理社团、执行城市土地政策等一般的工作方针和工作方法。

半年来的一般情况,已如上述,现在列述各部门的具体工作如下:

(一)民政科

1.接收工作——接收伪市政府户籍资料,计登记卡40盒,登记申请书486册,调查表156册,尚完整无缺。

2.实施户口管理——订颁《整理户籍暂行办法》,禁止随便移动户口。

7 月 12 日开始登记,至 8 月中旬归公安局办理止,共发出表格 23 万份,完成登记工作的 80%。

3.分发免费水票——为照顾无力购买自来水的贫民防止夏令疫病流行,由防疫委员会制定免费水票由我们转发各区共计发票 3613 本,水量 228390 担,得水票者 6552 户,各区通过水票联系群众,进行宣传教育。

4.组织护塘防汛——秋汛期间,邀请有关机关与工程界热心人士组织杭州市护塘防汛委员会,勘察海塘工程,安全渡过了六汛。

5.筹划疏散入口——组织疏散人口委员会,确定疏散人口与生产救济相结合,以使失业者就业为主的方针。细密计划,稳步进行,先由保卫干事 15 人组成民政工作组,从调查职业、户口着手。

6.取消保甲制度——市区建立居委会,计上城区 14 个、下城区 18 个、江干区 2 个,共计 34 个,约占总数的 30%。乡村政权已建立的,计艮山区 7 个、西湖区 6 个、笕桥区 3 个、江干区 2 个。共计 18 个,约占总数的 80%。

7.综合各区简报——反映各区情况,经常向市府提出报告。

(二)地政科

1.接收资财方面——接收伪市府地籍整理处的地籍资料和仪器,大体还完整,计包括测量原图、地籍印图、土地登记册、调查册、产证等。

2.整理地箱资料——主要完成缮校登记卡 7 万张,整理登记证件 22605 丘,整理未发证封 9471 件,已发证封整理旧档 44100 件,校对过户册 27919 丘,校正复丈更正 8754 丘。

3.拟定土地法令——拟定法令共计 14 种,关于公地管理 3 种,房屋租赁 1 种,城河养鱼 1 种,禁止转移公产 1 种,土地登记 2 种,垦荒生产 6 种,内中已公布 5 种,未公布 9 种。

4.统计土地情况——完成地目、地类统计表 8 种,土地使用状况统计表 7 种,公用土地统计表 11 种,公地出租统计表 2 种,地价税征收税额丘数统计表 1 种,共计 29 种。

5.缮造地价税册——于 9 月中开始由财政主办,我们配备主要干部 19 人,领导业务(10 人中调回 1 人),12 月中完成工作,共造册 66688 丘。因为干部起模范带头作用,工作效率提高,由每日 120 丘提高到平均 250 丘、最高至 380 丘。

6.管理公有土地——市内公地已确定统一管理,唯除原属市有土地和资产外,各机关团体、学校仅有 9 单位已转移至本局管理,计约 600 亩。本局办理一般人民使用公地登记,曾发现部分无人管理之公地。在公地使用方面均依据公务用地免租和收益用地收租之原则订租,荒地一般都发动群众开垦,城河池塘均出租养鱼,宅地出租,计面积 24869 亩。

7.实施土地调查——调查内容为土地分布、使用状况和租佃关系等。由干部 20 人组成调查队,首先调查西湖区 5 个部,原定 20 天完成的工作计划,提前在 13 天内完成,后进行了 3 个区的调查。郊区尚有拱墅,拟在 1 月上旬调查。

8.准备土地登记——已经拟定土地清理办法和土地登记须知,向省府请示,并已拟定宣传提纲,吸收北方经验,对特殊问题的处理,具体研究提出意见,对干部进行思想动员,准备 2 日开始登记,分区进行。

9.处理地政案件——地籍处处理的案件达 500 余件,除公地与地价税、地籍问题外,产权纠纷案件也很多,其中有些是多年积案或牵涉较大的案件,经细心钻研处理,对群众的教育很大。通过这些个别案件,亦密切了政府与群众的联系。

10.改造留用人员——地政科负责同志对思想领导抓得较紧,通过民主讨论、总结工作、发动工作竞赛、集体学习、发扬批评与自我批评,启发了旧人员和新来干部的工作积极性与创造性,获得了比较显著的成绩,首先表现在工作效率提高和青年团工作的开展。

(三)社会科

1.接收工作——接收伪救济机构共 8 个单位,其中行政机关为伪市府社会科、伪市救济委员会等 2 个,救济事业机构为伪浙江省区救济院与附属习艺所、育幼所、安老所、伪浙江省第一育幼院、伪杭州市感化习艺所等 6 个单位。所有这些机构仅习艺所、感化所稍有生产外,其余均属纯粹消费性质。接收人员计旧员工 84 人,儿童少年 606 人,鳏寡孤独者弱残废 202 人,总计 892 人,除虚额外,实数 690 人。接收物资重要者计有糙米 2797436 石,白米 16875 石,布匹 1141 匹,棉被 563 条,蚊帐 483 顶,被套 593 条,棉衣套 468 套,力士鞋 796 双,绒线 881.5 磅,其他大部分破旧霉烂。地房产计有房子 1078 间,土地 8638 亩,但房子破坏不堪,出租 240 间,仅收租米约 10 担。土地分布于杭或富、萧等县,大部分荒芜,或土质不好,生产甚微,所收租米不够纳税。

2.整理救济机构

(1)建立机构——将庞杂重复的伪救济事业机构加以合并整编,建立了保育院、安老院、福利社等 3 个福利救济机构。

(2)精减人员——旧职员由56人减为36人,勤工由20人减为14人,精减冗员34%。收容之少年儿童126名,查明其家庭生活尚可维持的予以遣归。实际收容保育院儿童270人,福利社少年96人,安老院老弱残废者199人。

(3)清理物资——成立清产小组进行清理,登记,统一保管,其中线袜32244双,大米2549.52石,蓝布20尺移送财经部接收,毛线、布匹等变价投入生产,其他破旧被服衣裤等留作收容人员使用。

3.救济事业机关的生活改善与教育——福利社和保育院由一天一斤四两米半斤菜都吃不到的待遇,改为供给制待遇,安老院也提高为每天一斤二两米,改2顿为3顿。教育方面,福利社以劳动教育为主,并上学习课,开讨论会,每天3小时,保育院一、二、三年级以保育为主,四、五、六年级以学习文化为主,并辅以劳动教育。安老院除适当地参加劳动以改造其依赖思想外,也进行了识字读报等教育。其他如文娱活动、医药卫生、改善被服等,三院都有一定的成绩。

4.救济事业机关的生产节约

(1)生产方面——福利社除工场生产外,工余垦地4亩,9~11月收获青菜882斤;保育院垦地6亩,数月来共收蔬菜6522斤,打破布草鞋477双;安老院垦地16亩,6~12月收获蔬菜、络麻、瓜果共31244斤。

(2)节约方面——用水,福利社由6月份110度减为7月份60度,8月份34度,9月份25度;保育院由7月份134度减为8月份93度;安老院不用自来水。用电上,福利社由6月份83度,减为7月份50度,8月份20度,9月份19度;保育院由7月份152度减为8月份77度;安老院因度数限制较严无节约。

5.提高福利社的工场生产——福利社的工场生产,除增加生产设备(修理厂房31间,装置电机25台)、充实生产资金(变卖旧存物资)、增设营业部外,并通过民主管理工场、严格工作制度(实行计点制)、发动生产评功等启发劳动热情,提高生产效率。

6.扩大举办人民福利社,发展生产救济事业——以原福利社及其营业部为基础,广泛集中有关社会救济事业的力量,以政府领导、私股公营的方式,扩大举办人民福利社,作为辅导救济事业的生产机构,为人民的救济事业服务。现集股已进行就绪,机构亦已初步建立,以福利社为总公司,准备举办化工、棉织、农畜、供销等事业。

7.筹设劳动院收容游民乞丐——确定安老院的地址,办理劳动院,初步建立组织,配备干部,拟定生产计划、工作方针,并进行修理房屋等各项筹备工作,定于 1 月 10 日开始收容,预定第一步收容 500 名,做到劳动改造,生产自给。

8.组织社会力量办理社会救济事业——10 月 1 日成立人民救济事业委员会,设委员 15 人。后以代表性不够广泛,扩充委员 79 人,包括工商界、慈善宗教团体、同乡会馆、个别热心人士的政府工、学、妇、团体等方面代表。设常委 19 人,初以整理救济事业财产为主要任务,现已发展到动员社会力量举办生产救济事业为中心任务,该委员会为社会救济的协商机构,并准备在各区设立分会。

9.优救烈军工属和复员荣军——制定《杭州市军工烈属和复员军暂行救济办法》,自 5 月起至 12 月止共计救济军属 171 户,烈属 10 户,工属 13 户,荣军 5 户,其他 2 户,共计 201 户;发给复员费者 7 人,救济贫者 6 人,路费者 541 人,埋葬费者 6 人,共计 560 人;发出粮食 30500 斤,人民币 3603900 元,军属证 124 张。此外,解决个别家属与荣军之生产职业问题,发动新年慰问军烈属,送光荣牌,各区共计 239 个,并在各界代表会议上增设家属代表 4 名。在市内家属调查统计截至 12 月止,计登记烈属 8 户 49 人,军属 317 户 1184 人,工属 43 户 183 人(一般新工属未登记),共计 368 户 1416 人。

10.管理宗教、慈善、同乡会馆等社团——确定工作方针与斗争策略,自 11 月起办理登记。截至 12 月,已登记者,包括宗教团体 34 个(佛教、道教部作一个统计),慈善机构 27 个,同乡会馆 37 个,未登记者以同乡会为多,估计当有 20 余个,筹备组织同乡会联合整理委员会、社会福利事业联合会、祠庙管理委员会及各种宗教协会。

二、经验教训

我们半年来关于经验教训的体会约有下列几点:

1.在接收工作中,我们主要的经验是不要过早打乱机构,驱散旧人员,因为这样才能责成交代避免损失;其次为依靠群众的路线,因为有群众的地方就有可能发动群众起来进行斗争以发现积极分子,争取中间分子,孤立或打击上层分子,并运用思想斗争促使一般旧人员认识我们的政策,说服他们或刺醒他们,使他们在政治上提高一步,接受我们的指示,积极负责办理移交。

2.城市的情况一般都很曲折复杂,反映在行政工作上同样也很曲折复杂,同时城市居民一般文化水准较高,对新事物的感觉也很灵敏,反应较迅速。这一切要求我们必须更好地掌握政策方针,分析具体情况,运用策略斗争,提高政治警觉,以免工作处于被动或者落在群众后面。譬如清理社团财产,除了财产本身状况复杂以外,其中尚有许多不良分子钻空子,企图争取主动,合法与我斗争,地籍工作中也有同样情形。其次由于情况的曲折复杂,还需要各部门工作取得密切联系,如搞社团财产需要地政、社会二科配合,搞民政要与公安局联系。

3.在政权工件中一面要运用行政权力,一面要结合群众路线,忽视后者容易产生官僚机关作风,忽视前者,容易使工作多走弯路,增加困难,不能大力展开。譬如福利社集股,如果没有行政权力的支持,结果必致自流垮台,如果不通过群众自己的组织(如工商联、慈善团体小组等)进行动员,也不能掌握具体情况,启发主动性与积极性,所以运用行政权力和群众路线,二者须要结合起来灵活运用。

4.半年来,旧人员占多数的地籍整理处,干部进步较多,思想斗争开展,工作效率提高,都有显著的事例,这主要是因为领导同志比较抓紧思想领导的缘故。这个经验证明:思想的进步过程就是工作的进步过程。干部的思想改造是极其重要的,相反的如对保育院、安老院的工作上,由于对教员的思想领导重视不够,思想上没有解决问题,以致生产工作展不开。又如某教员,解放后思想表现有一定的进步,工作表现也有一定的成绩,但因为思想基本上没有解决问题,进步很有限,也证明了只有在干部思想有了进步以后,工作的进步才是真正可靠的进步。

5.在社会救济事业上我们也获得了一些经验,主要是救济和生产结合的问题上,为了克服单纯的恩赐观点,并且积极地改造收容人员的消费依赖思想,必须通过劳动,进行思想教育,并且做到救济机关全部和部分生产自给,以减轻人民政府的财政负担。在福利社的生产工作中我们实施了改善生活待遇,民主管理工厂,严格工作制度,进行生产评功,因此,在启发劳动热情、提高生产效率上都有了相当的成绩。现在我们广泛地动员了各种有关社会救济产业的力量,共同扩大举办生产救济事业——人民福利社,以此生产事业来辅助社会救济事业,为社会救济事业服务。

6.关于领导工作方面,根据我们半年工作的经验,一般应该经过以下的阶段,并具体掌握问题。

(1)了解情况,研究政策,决定方针任务、计划、布置工作。

(2)经常检查督促,深入实际,纠正偏向。

（3）检查总结经验，提高原则认识，根据新情况决定新任务。根据这个过程规律进行任何工作，不仅为了完成工作任务，而且为了完成思想教育任务，或者说是一个学习经验和创造经验的过程。只有思想认识提高了，才能推动工作前进一步。

1949 年 12 月

杭州市政权部门情况报告(节录)

一、接管概况

杭州解放后,军管会各部门进行接管工作,维持治安,建立革命秩序,市人民政府于5月25日成立,6月初先后成立了民政局、财政局、卫生局、教育局、人民法院、工务局(于12初改为建设局)。7月1日市府为正确执行"劳资两利""发展生产"的方针,保证劳动政策的实行,建立劳动局;工商局于8月初才从省府工业部分出来;9月初以军管会卫生处为基础成立卫生局。房管处与市贸易公司解放初期均为军管会直接领导,市府成立后,才划归市府领导。

1. 民政局:伪民政局由军管会政务部民政处接收,6月初才正式成立民政局,下设3科2处(地籍整理处、园林管理处),并有3个附属救济单位(福利社、保育院、安老院)。9月6日将园林管理处划给工务局(即今之建设局)领导,本局领导下的杭州市人民福利社扩大组织,成立生产救济事业专门机构。12月份筹备成立杭州市人民生产救济院(收容游民、乞丐),决定于1950年元旦成立。各区的行政组织,开始时都是区政府的组织,8月中根据接管平津的经验,改城区的政府为区公所。郊区的仍为区政府,目前所有区政府3个:艮山、笕桥、拱墅,区公所5个:上城、中城、下城、江干、西湖,在经常工作上受民政局领导,现拟试行将中城区公所与公安分局合并实行警政合一。

2. 财政局:5月21日开始接收前伪财政局暨所属的8个税捐征收处,牲畜、屠宰、柴炭市场、土地税经征所、清肥所等机构,于6月初才全面展开业务进行精简机构,将市府前供给科划归本局改成审计科并成立一粮食科负责供应驻杭各机关部队的给养柴草,及领导抗县粮柴征收,并将财政局原有第四、五两科合并为杂税票照科,裁撤第六科并入秘书室,牲畜市场和屠宰市场合并为一,并紧缩局、科税收人员,充实下层的税收人员,以增加收入。

3. 教育局:伪教育局系军管会文教部接管,6月3日成立本府教育局,下设秘书、小教、社教等科和人事股、视导室,12月初增设一资料室。

4. 公安局:接收伪警察总局后,于5月中旬确定行政编制,辖6个单位(秘书处、一处、二处、总务处、训练班、审讯科)。到6月底才接收各分局(共8个分局),后因工作的展开,而干部缺乏,其次又因地区情况的不同,特将七分局与六分局合并,原设的 8 个分局,只有 7 个了。至 7 月,省委根据城市公安工作的重要程度,加强行政管制,交通指挥,增设一警察总队,各分局设中队。一处也根据情况发展与工作需要,增设卫生科、清卫总队,清肥所,除司法股由市府接管外,也划归一处管理。总务处将供管股分为管理、供给、会计 3 股,使工作更细密地掌握起来。9 月份全省第一次公安会议后,对整个编制,个别有所调整,为了便利领导和加强工作,审讯科直接归二处领导,而二处的侦缉队则划一处行政科领导,并于 11 月开始建立劳动教育院,以改造小偷、流氓、妓女、骗子等四类罪犯,及无家可归者。目前的编制状况,大致系根据公安会议第一次的决议执行。但其中的保卫科,根据实际需要增设一保卫队,目前派出所共 43 个。

5. 建设局(系工务局改名):工务局于 6 月 3 日成立,9 月 6 日民政局直属的园林管理处划归工务局之时,组织扩大,到 12 月工务局改名建设局并确定杭市电灯公司及自来水厂,在市政建设上划归建设局领导,同时市公共汽车公司,因无力经营也归本局领导。

6. 卫生局:伪卫生局及附属的 24 个单位,首先由军管会卫生处进行接管,至 9 月初,才由卫生局接任,调整干部,重新划分为市民医院、浙江病院、传染病院及 6 个卫生所等 14 个单位。

7. 工商局:省府成立后,将工业部分为省属工矿所与市工商局二部,8 月初才正式成立进行工作,到 11 月,将生产合作社扩大为城市供销合作社,为所领导之一。

8. 人民法院:于 6 月初正式成立,当时的组织,院长之下分设 3 科(秘书、审讯、侦查)及医务室、习艺所;后来由于管理的民刑案件逐步增加,而侦查科工作须与审讯配合,因此侦查科处于被动地位,不能发挥高度效能,同时更因案件的增加,原有的审讯人员不够分配,因此将原设的审讯侦查二科改组为民刑二科,并各设审讯组,增加审判员、书记各 3 人,同时秘书科的代书处,收发、缮校、档案、监印等人员,如果直接由科长领导,也有散漫难以掌握的现象,因此增设文书股,于 11 月下旬才组织完竣,12 月初,秘书科下又增设资料室。

9. 房管处:首先由军管会成立杭市房产管理处,当时的组织,处下分设秘书科,调查科(内分 5 个调查组),登记科(分登记、统计、测绘 3 组),管理科(负责机关内部生活及事务问题)。后因根据工作需要,将原管理科工作交于秘书科负责,管理科改为接管科,分 3 个组进行工作。7 月中旬,组织更扩大,全处分设秘书科、管理科（主持调查登记、接管、代管、调配房产事项等），会计室和工程科。当时接管来的房屋大部分是遭国民党长期破坏，急待修理，如果依照过去请外商来修理的话，损失很大，因为他们的修理房屋是以营利为目的，偷工减料而不负责。根据这种情况，特将工程科下附设的营造厂扩大为杭州建筑公司，一切修建工程自己动手，必要时再找外商。

二、干部人员的配备及一般情况

甲、各单位干部配备情况

1. 留用人员占三分之一以上的有建设局、卫生局、财政局、人民法院、民政局，特别是建设局和卫生局留用职员占 70％至 76％，人民法院占 50％，财政局占 47.5％，民政局占 31.86％，其余如工商、公安、教育等局留用人员约占 20％。一般的留用人员均为下级职员，主要领导干部是南下同志，但其中也有个别的留用人员担任科长以上的职务，像建设局、卫生局、财政局等；专门性的业务由原来技术人员担任，卫生局科长以上干部留用职员占 80％左右，建设局主要领导干部留用人员占 66.6％，财政局占 38.7％。留用人员中，有的在认识上不够正确和存着贪污及假公济私的行为，但在我党的正确领导下一般还能开展工作。

2. 新参加工作的干部：这批干部多为青年学生，工作积极肯干，是一批新的力量。工商局较多，占全局职员的 68.7％，教育局占全局职员 83.33％，劳动局新参加干部占 50％。

3. 南下干部：目前市府直接领导的单位有 8 个局（民政、财政、教育、公安、卫生、工商、劳动、建设）及人民法院、贸易公司、房管处等，共 11 个单位。其中南下干部在卫生局占 19％、在建设局占 33.4％、在财政局占 61.3％、在工商局占 28.33％、在教育局占 36.11％、在贸易公司占 60.2％。依据目前情况，一般均缺干部，尤其缺少中级干部，如工商局缺商业科下设之各股股长和新成立的杭市供销合作总社的各科科长，人民法院缺民刑二科的副科长、习艺所长、秘书、科长各 1 人及办事员 5 人。

乙、半年来各种干部思想变化状况与教育

1. 本市干部都系从四面八方凑集而来的，有南下的、远方的、部队的、地下党的，新参加的以及留用的，等等。出于他们过去在各个不同的地区，做着不同的工作，有着各种不同的生活习惯与作风，也带来各种不同的思想意识和偏

向,以及对城市工作不同的认识,造成接管时期和半年来的干部思想混乱动荡与不安心工作,闹地位、待遇,不团结等无组织、无纪律的现象。

开始接管时期(五六月份),绝大部分干部才从农村转到城市,主要是不习惯城市生活,缺乏城市工作经验,有些同志工作上摸不到头绪,感到"土包子吃不开",特别是工农干部自馁悲观、工作不安心是普遍存在的。也有一部分思想上有很大不纯,谭政委报告(揭发思想偏向、又号召到农村工作)后,解决了一些思想问题,但也引起某些同志思想波动,钻空子要求到农村去,但由于接管工作比较繁忙,工作职务未完全确定,因此有些干部思想上虽存在着地位观念(想在接管后当一个负责人),但还是隐伏的,没有完全暴露。

2.进行过的教育及所收到的效果:

半年来的干部教育主要是建立正规的每天2小时学习制度,通过学习文件、报告来提高干部的政治认识,并结合思想检查,整顿干部思想,七八月份以后,各部门工作逐渐正规,干部思想上的混乱也逐渐减少。

6、7、8月份学习了新华社短评《消灭麻痹倾向,扑灭特务匪徒》《保护人民祖国的财产》,毛主席的《论人民民主专政》和解放日报社论《粉碎敌人封锁、为建设新上海而斗争》等文件,以及谭政委在杭市第一次各界代表会议上的"六大任务"的报告,提高了干部的警觉性和对目前困难的认识,一方面又开展了精简节约运动,遏制了享乐思想,并且在8月份进行了干部思想总结。初步检查了南下干部渡江以来,地方干部解放以后的思想偏向。在这次的思想检查中一样地都暴露了和警惕到了自己的思想偏差,对地位观念,不安心工作,以及2年以后回山东的临时观点和享乐思想,大部分是克服了,但还不够彻底,也有少数同志变本加厉,工作更消极了。

9、10、11月份按照省委布置进行了"国际主义与民族主义"的学习,在学习中结合了"检查自己的思想,打破狭隘"的观点,加强支部工作,提出以整顿无组织、无纪律为支部工作中心,整顿过程中在党内进行了批评和教育,帮助同志们提高了认识,对违反纪律的进行了适当处理,这对当时正在滋长着的无组织、无纪律的思想偏向,给予了一定的打击。建立青年团,吸收了大批青年干部入团,进一步提高了他们的政治觉悟与工作积极性。

12月份结合学习南岗同志的报告《荣誉是属于谁的?》进行了干部半年来的思想鉴定,明确了对荣誉地位应有的看法与对工作的正确态度。有许多干部检查了自己,认为是属于第二类干部的,决心纠正自己的缺点毛病,向第一类干部看齐,有许多干部则只做到了暴露思想,罗列缺点毛病,没有能找出毛病的思想根源来,但一般地说来对自己的优缺点都做了某种程度的检查,提高了工作的积极性。公开党支部的宣传动员,初步检查了党群关系,提高了群众对党的认识,改善了党群的关系。

目前,干部对工作比较安心下来,过去对学习漠视、松懈的现象也开始转变。但许多个人问题,地位观念、享乐思想还是继续存在,必须加强组织与思想领导,加强教育与学习,求得在思想上解决问题,以免问题继续滋长。

1949 年 12 月

杭州市中城区春节拥军优属工作总结

（一）拥军优属组织

拥军优属委员会通过怎样的方法成立的？

1.机关、学校及人民团体、各单位，先派同志取得联系、征求同意后，通知2月13日到区开会讨论，同时宣布成立拥优委员会。

2.居民委员会通过派出所于每个范围（以9个派出所为范围）内号召拥军，分析目前形势及任务后，进行登记，成立拥优小组或支会（人多者成立支会）。

杭州市中城区拥军优属工作委员会名单如下：

1.机关——人民银行（解放路158号）、建设局（西浣纱路42号）、工商局（中山中路兴业大楼）、市供销合作总社（开元路口）、财政局（解放路井亭桥）、粮食局（民生路）、卫生局（孝女路2号）、人民广播电台（菩提寺路）、中城分局（西浣纱路39号）、市贸易公司（解放路合作食堂）、浙江日报社（众安桥河下20号）、当代日报社（谢麻子巷6号）。

2.学校——浙大（大学路）、高医（教仁街）、树范（解放路）、惠兰（建国中路）、珠宝巷小学（珠宝巷）、皮市巷小学（皮市巷）、浣纱路小学（西浣纱路）、天长小学（孝女路）。

3.人民团体——工商联（羊坝头）、人民福利社（旧藩属）、市民主妇联（长生路2号）、市总工会福利部（平海路）、粮食公〔工〕会（横河桥直街）、汽车业公〔工〕会（延安路）、人力车工会（里横河桥直街24号）、三轮车工会（杨凌子巷14号）、人力货车工会（叶家弄）9个居民区拥优小组（以9个派出所为范围）。

4.民主人士——陈天伦、查南强、孙精楚（3人由中城区拆实公债支会转入）。

（二）布置

1.发动

2月8日起区方干部9人，组织3个组，每组划分3个，派出所为工作区，其中一组普遍深入军属调查,划分等级,确定救济对象。每晚准时出发,每个工作区召开居民大会进行宣传动员,及时号召拥优小组,确定人选。工作时间5天。普遍在居民群众中成立拥优组织,发动一斤粮运动,由派出所配合,工作情形颇顺利,至17日止共9天时间。

2. 动员哪些单位与人参加?

机关团体,学校,每个单位2人至3人,有宣传队者计人民银行,财政局,珠宝巷小学,浙大一个访问队,其他单位名称见上。

居民代表5人至10人不等,民主人士3人。

3. 哪一天开始收集拥优物品?

2月14日起开始。

4. 收集了多少拥优物品? 怎样进行拥优工作? 用什么方式进行? 分几队? 哪一天拥优?

2月16日将慰劳品分装3货车,动员干部及群众20余人,划分3队,分别送往烈军工属家中,一般军工烈属分得慰劳信,春联及光荣证为136家,其中46家代金①、米、年糕、糖果、粽子。

优属对象46家:烈属每人分20、18斤两种大米,另外每斤代金1500元。军属每人分20、18、15斤三种大米,另外代金每斤1500元。工属每人分18、15斤两种大米,另外代金每斤1500元。

最高数字为大米115斤(内有政府每位烈属为12斤,工属为8斤)代金172500元。

最低数字为大米15斤代金22500元。包括:甲,烈属2家;乙,军属35家;丙,工属9家,共计46家。

5. 烈军工属受慰后反映

如:烈属中周惠华得到人民银行的光荣匾额后,特别来信致谢。军属陈筱龙得到救济后,表示要将情况告知前方子女,好好为人民立功,后方政府照顾得很好。另外两家军属任宝荣、张刘氏未得到救济,由于调查时不够明确,该家属以为一定救济,除夕晚16号来区后说服教育补给他,情绪上才渐渐地转好。个别请求,失业救济,总计有10余家,其中有技术的女工好几家,对政府不能有效办理表示不满。

---

① 代金:按照实物价格折合的现金,用来代替应该发给或交纳的实物。——编者注

6.慰后有若干物品剩余。

剩余毛巾、袜子、钢笔等送后方医院,折实单位 2059 斤大米,1300 斤作为生产基金。对今后生产工作初步计划,经军属委员会讨论决定:

(1)筹备组织加工厂(器材租用)承办贸易公司的粮食加工碾米。

(2)请求政府拨给公地开荒生产,在军属中进行登记,请上级发放种子、农具、贷款。

（三）这次拥优工作的检讨

调查与登记工作,没有专人负责,形成互相脱节,责任不明,情况不联系,结果材料不够明确(有两家应救济的未加研究,引起不满,一家缸儿巷 66 号;计算人口时把旁系当直系算;登记时地址与关系失准以致访问无法进行)。单纯的任务观点、粗枝大叶地进行调查与登记,造成分配时的混乱现象。

宣传动员工作在群众中比较普遍深入,但在联系工会及机关团体方面流于形式,没有做到群策群划,形成区方包办代替。

反映群众意见及军工烈属意见,不够多方面,情况片面,在判断上比较模糊。

宣传与访问工作不能相结合。如宣传队出动街头宣传,访问小组在军属家中进行访问。不能在群众面前表示热情,扩大影响是不够的。

优属工作比较注意,拥军工作只是访问,送慰劳品没有发动群众性行动,显得工作的单调。

（四）经验与教训

烈军工属的成分复杂,不像农村的单纯,因此在进行调查再教育工作中,更需注意情况,分清优劣,不能一概而论。

城市一切形式比较集中,应利用集中条件,进行扩大宣传与军属军民座谈会,甚至可以采取全市性行动,更可扩大影响。

形式的发展:烈军工属不仅包括人民解放军,今后建立坚固的国防军,烈军工属更包括人民空军与海军及科学文化建设人员。在城市的人口集中条件下,将来对象更多,对优属的有效办法(如介绍职业、组织生产等)要在领导上及时研究。

　　农村中土改,军属有分到浮财①或土地,但城市中没有这种情形,因此在办法上比较困难,方式方法需多方面,如申请医药治疗、入学读书的免费登记。照顾军属要求一般比农村复杂,在答复上常常走弯路,或拖延,客观上影响政府威信。

---

　①　浮财:指金钱、首饰、粮食、衣服、牲畜、农具等可移动的财产。——编者注

杭州市一年来治安行政工作的总结报告（节录）

一、一年来治安行政业务的情况

一年来我们的治安行政业务一般是处在不断地进行开展与随时研究改进的过程中。自杭州市解放后，经过顺利接管，初步建立各项工作制度，使社会秩序由紊乱趋于稳定，为第一个时期。紧接着去年 12 月至今春一二三月通过冬防工作，以户查为中心，胜利地完成了冬防任务，并初步建立了群众性的居民委员会，及召开了第一届居民代表会议，进行了反动党团特登记，我们的治安工作即进入初步巩固时期。迨秋末冬初全省进行秋征土改，特别是美帝武装侵略朝鲜后，由于美帝国主义与台湾残匪的加紧策动，土匪、特务等反革命分子和地主恶霸、反动道会门①互相勾结，又乘机大肆造谣，煽惑群众，加上冬季时令关系，盗窃流氓亦随之活动。这些客观情况，虽然增加了治安工作的艰巨任务，但在我们坚决镇压反革命分子的方针下，及时地作了加强治安的各项有力措施，如取缔反动道会门，大力进行了反谣言斗争，继续召开了二届居民代表会议，普遍改选与整理了居民委员会，广泛地建立了冬防，组织加强特业管理与郊区民兵工作等，使治安工作继续转入定向巩固的阶段，为今后的治安工作打下基础。

二、我市主要工作的总结

甲、户口及特口之管理工作

（一）户口工作

1. 户政工作的基本情况：户籍是推行庶政的依据，我们一年来通过户查，各种登记管理制度的建立，及户籍警的教育、建设，现在基本上已掌握了户口变动规律、控制了市内人事动态，同时对市政建设也起了一定的作用。

进行户口清查：在元月份对本市户籍进行校对整理、掌握部分材料，并做

---

①　道会门：指旧时某些封建迷信组织。——编者注

好了典型实验后,即于 2 月上旬全面展开了清查,计参加干警 395 人,动员群众直接协助的积极分子 3306 名,超过干警力量 4 倍半。在这一工作中,一律起用了新户口表,初步充实和掌握了全市户口材料。在清查后即进行复查,历时 3 个月,校正原户籍登记不符 38778 户,发现异动不报 7460 户,以后在经常性的被查校正与重点抽查中,同时进行了公共户口和船舶户口的调查工作。通过户查,大体上完成了治安行政的基本任务。一年来据初步统计,共清查 120799 户,人口为 520730 人,初步分清了好坏人。全年户查中发现问题户口漏报类内,计来客外出不报 26714 人,各种异动后不报 16323 人,黑户 501 户,黑人 4207 人,事实不符 99425 件,瞒报 1139 人,疏报 15 人。社会治安类内,计逃亡地主 275 人、帮会分子 1312 人、无业游民 99 人、小偷 182 人、妓女暗娼 393 人、赌徒 530 人、金银贩 40 人、贩吸毒品 231 人、社会关系复杂 153 人、户内有下落不明人口 91 人、生活来源不明 20 人、来历不明 33 人、拐骗敲诈 13 人、造谣破坏 30 人、可疑户口 455 户、逃亡资本家 4 人、未登记之特业 27 户、非法买卖 7 人、制造炸药者 5 人、冒充公安人员 3 人、包庇逃亡地主 2 人、伪造印信 15 人及伪造黄金冒名顶替户口等多人。政治嫌疑类内,查出国民党 3627 人、三青团 579 人、青年党 13 人、民社党 7 人、未登记之伪方人员 5554 人、匪特分子 245 人、可疑分子 850 人、党团合一者 245 人、脱离革命者 15 人、一贯道①1003 人、其他反动党派 5 人、可疑特户失踪 1 人、发动秘密集会 1 人、日伪分子 58 人、其他反动封建社团会门 573 人、逃出及迁出不报的反动党团分子 6 人、退役军人 22 人、家属在匪军者 10 人。查出缴获物资计轻械枪 2 挺、长短枪 75 支、子弹 7513 发、弹夹 112 个、铜盔 81 顶、军用卡车 2 辆、望远镜 2 只、电话机 7 架、电台 6 部、伪房产 10 座、鸦片 261 钱及其他敌伪遗留军用物资及药品等反动文件多种。

　　2. 贯彻户口申报制度:能否贯彻执行户口行政管理制度,是我们管好户口工作的关键。

　　本年度我们逐渐纠正了解放初期户口申报的复杂手续,在户口申报制度上逐渐地克服了好坏不分,一般管理的糊涂观念。进行了下面几个必要的步骤:(1)健全了统计报表。(2)适当配备力量,建立了户口勤务制度。(3)进行了户警的改造教育,端正其工作作风,提高其业务和政策水平。借此,户籍工

---

　　①　一贯道:会道门之一。中华人民共和国成立后,人民政府明令予以取缔。——编者注

作得以顺利实施,稳步前进。

3.在户口工作中我们已初步建立了以下的几项工作:(1)我们已开始了户籍登记材料的经常查对,充实材料和长期保管:通过全面清查校对,收获是很大的,但是户口情况,随时变动,故须经常结合其他工作进行了解校对,并充实现实材料,将其当前社会关系、职业变更、生活状况,以及外出、旅行、迁移和可疑材料,详加记载,连同所有户籍材料,分别签理,长期保管,以便查改。(2)我们已开始运用了户口行政与调查管制密切结合的方法:户口行政必须围绕管制特口而进行绝不能分离。基本要求:一是户口制度的普遍实施;二是要在异动情况或各种手续当中,发现问题,找出疑点。(3)在不影响管理目的之下,我们已逐步地进行了简化户口手续的工作,开始克服不分好坏一般管理的毛病,对于一般市民尽量给予便利减少其麻烦,对于特口则加强管制,特别是开过居民代表会议后,都有显著改进。

(二)特口管制

特口管制是建立户籍工作的重点,也是对敌斗争的基本环节。其目的在分清敌我界限线,明确保护谁,管理谁,以便配合肃反工作,进行改造教育,达到巩固社会治安保卫经济建设任务。一年来杭市管制特口人数从原有9824人,增至13048人。后经严格审查缩小管制面,减少为现有数:政治性的特口2166人,社会性的850人,共3016人。

1.特口管制工作建立的过程

杭市管制特口工作,是在解放初期登记伪方人员及办理8000名伪方人员留杭居住手续时开始的。当时群众认识尚未提高,普查户口尚未进行,又加领导上重视不够,只是盲目地管理。经过户查及其他治安行政工作,不断发现一些伪方人员、小偷、妓女及反动党团特帮会分子等管制对象,初步掌握了社会情况后,至去年9月,研究确定了管制特口的范围,并初步建立档案材料及简单的异动通知书,至此,市局已大部控制了伪校级和局长级以上的材料,及反动党团特的简单材料。经过今春户口大清查,群众积极分子的检举,同时,通过反动党团特的登记工作,又陆续发现不少材料,始大体上分清了好坏人,重新修正了管理范围,明确划分管制对象,缩小了管创面,弄清界限。办法是:把特口分为甲、乙、丙三种,将一般低级伪方人员剔出,集中火力,重点突破,避免分散精力,致管理流于形式和一般化。在进行工作时,重新制订了统一的调查信,指明材料重心,克服盲目调查、乱写乱丢的游击作风;同时,注意集中材料,进行全面清理审查。在执行这一办法中,发现了很多问题,纠正了同志们的麻痹思想,认识到灵活掌握现实材料的重要性。

2.怎样进行特口管制

(1)管制特口要以调查研究为主,以行政管理为辅。掌握内严外宽,管教结合的原则。管制特口是公开的侦察情报工作,但必须对所掌握的材料,进行细致的调查研究,以便正确地决定管理方法,贯彻镇压与宽大相结合的方针,也才能防患于未然,处理于已然。否则,单纯的行政管理,既不能有力地限制坏人,反而会使老实人受到过多的限制,造成对立。我们工作上还存着这个缺点:掌握不住现实活动材料,仅限制迁移旅行,甚至从郊区到城区也要报准派出所,但究竟是否进城和干些什么,从不联系审查。这样严格,但特口逃亡现象仍不断发生,如西湖区某特口,忽然将常用的自由车①卖掉,但户警熟视无睹,结果该特口逃跑了。也有对于特口谋生活出路,也不予以方便,甚至说"你找到职业,也给你弄掉",这样是达不到管制目的的。

(2)管制特口要依靠群众,贯彻群众路线。在特口周围及复杂地区必须培养积极分子作为我们的耳目,使其监视与反映特口情况,是很有效果的。如艮山区一妇女积极分子反映她丈夫是特务,交出证件。又如青年路一小组长看到特口徐某要逃跑,冒雨跑到派出所报告等。

(3)要善于运用选择内线、利用矛盾、抓紧弱点的工作方式。基本群众只能反映一路现象,还必须在特口内选择对象,进行教育,使其反映情况,戴罪立功,以坏人检举坏人,另外要经常搜集材料,利用各种矛盾。如对拱墅区一特口,我们曾利用其父子经济上的矛盾,查获1支短枪,并追查其他特口手枪2支;又如利用伪方人员洪某与余某房屋纠纷,吐露余某系伪国防部技术专员,并将其证件偷出,被我逮捕法办。其他两个问题,就是对所有反映情况,须注意审查,防止受骗。其次,防范须注意掌握情况,防范暴露意图。

(4)领导重视并亲自掌握是管好特口的关键。目前很多派出所所长甚至还不知道管区内有几个特口,自己不管不问,也未督促检查。但是领导重视的单位,如江干、西湖等分局,经过了深入检查工作,实行干警汇报考试制度,则工作就有了显著的进步。

(5)对特口建立汇报教育制度,了解其思想情况、活动情况,在工作中也可

---

①　自由车:即自行车。——编者注

做出一些成绩。经过汇报教育,有些较前老实了,有些也能反映一点情况。但还存在着缺点。如汇报对象太多,无准备无目的,不认真教育、仔细审查,使汇报成为形式,作用不大,反而暴露我们的缺点,所以进行汇报要充分搜集材料,有计划、有目的、有准备地进行。

(6)在户口异动中,将其材料转寄迁出地公安机关,以继续控制。

(7)个别表现坏的特口限令具保不做坏事,通过控制保人来控制坏人。

(8)与侦察工作配合,有重大反动活动,材料已经成熟者,可配合破案。

(9)对于已登记的反动党团特及蒋方人员,我们已进行公开的管制,但未在群众中宣布其罪恶事实,只是由我干警自行管理,未交由群众管制,因此,使反动分子还有很大活动的空隙,如果交由群众监督管制将收到更大的效果。

乙、居民委员会的建立与改选

(一)为什么要建立居委会?

自杭州解放后,鉴于国民党反动统治的保甲制度,是直接压迫人民的组织;伪保甲长,更是反动统治的爪牙。我们为了保护人民的利益,不能不首先摧毁这种剥削人民、危害人民的旧保甲,建立起新的人民自己的组织,居委会就是这方面的基层的组织形式,作为政府与人民协商办事,联系人民、团结群众的核心,也作为政府执行政策法令和贯彻一切任务的助手。

(二)居委会的组织

根据人民民主专政的基本精神,对人口集中的市区采取委员制,委员人数视实际情况决定多寡。一个居民区,组一个居委会;一个居民区,包括 150 户至 200 户;每一居民区,设立约 10 个小组,每一小组 15 户至 30 户。委员会设正副主任各 1 人,另分设民政、治安(户籍员)、消卫、文教、妇女等委员,其中治安委员特别注意政治上的纯洁。每一居民小组,设一组长,每一居委会,通常应有一集会地点。杭市居委会,是在通过冬防户查等工作,培养了大批积极分子,并经过各分局、所典型实验后,才逐步推广建立的。据 4 月份统计,全市居民区 437 个,居民小组 3255 个,一年来不断地洗刷调整,12 月份做了有计划地改选,现在全市共计 507 个,居民区 3283 个小组(乡村组织属于区公所领导,共计 29 个乡,153 个行政村,配合民兵工作,也在进行整顿组织),居委会组织成分,已较前纯洁,工作情绪也提高了。经验证明这种居民委员会的组织,很适合杭市的情况,并已发生了其应有的作用。

（三）居委会的作用

为了防止居委会的偏差，特规定了居委会的职权。居委会不是一级政权机构，因此，不是隶属派出所的行政单位。派出所只是利用它的组织力量和群众核心作用去贯彻政令，在平时要团结它、教育它、帮助它的实际工作，解决它的具体困难。居委会成立一年来，对于协助户查、消防、卫生，检举不良分子，追查谣言，举办社会福利生产事业，协助发动社会救济，以及推销胜利公债，劝募寒衣等工作，都表现了良好的成绩。居民组织的确立已成了我们治安工作及推行政令的有力助手。今后任务，必须继续健全其组织，巩固其基础，加强其工作，使其成为在整个社会中壮大的进步力量。

丙、外侨与教会管理工作

（一）外侨与教会的活动情况

1. 外侨与教会的关系：本市留居外侨共 59 名，其中 30 余名系英美法等教会派来的传教士，他们以传教士、教授、医生、慈善事业从事者等不同的面目出现，留杭最久者有 35 年之久。他们与教会有着深厚的友谊及密切关系，在杭州市 3 个教堂中就有 25 座是受外侨领导及接受外国教会津贴的。各教会学校、医院的负责人，都染上了浓厚的奴化思想，外侨就是利用他们来进行间谍活动及掩护匪特造谣破坏的，所以，我们要管理外侨也必须管理教会。

2. 外侨的活动情况：（略）

3. 教会活动情况：（略）

（二）我们怎样进行外侨与教会管理工作

对外侨与教会的管理工作，本年进行了以下几点：

1. 核发外侨临时居留证，通过发证又进行了一次普遍了解，加强掌握。

2. 逐步在外侨住址的周围内部建立关系，已起了一定作用，如在仁爱医院内的关系反映该院进行反动宣传，又撕毁进步标语，又如广济医院反映美侨在该院住宿不报户口等情况。

3. 限制外侨赴各地进行教会活动。在限制进内地活动后，外侨又以公开商讨教会工作或借治病看牙、配眼镜等名义赴沪活动，8 月份以前批准者有 25人，自发现缺点后，马上纠正，如美侨施德邻数次申请赴沪均未照准。

4. 进行了对外侨情况的调查研究工作。困难是外侨都是经过专门训练而来的，所以不能轻易发现问题，我们仅从点滴的材料上去分析，还缺乏系统的研究整理。

5.对不法外侨分别加以惩处。如2月份发现加侨汉福思未办旅行证偷去萧山两次,除当面斥责外,并令其登报悔过,进行了对外侨的教育。

6.对不遵守法令的,如10月间青年会及思澄堂等来客不报,均按照违警罚款予以处理。其他如进行调查登记,及公开地或秘密地监视其各种会议,对外侨从教育会一般活动的规律与内部情况,大体上都做到了了解并掌握。

丁、刑事工作与特业管制

(一)刑事工作

2月间冬防工作结束后,成立了刑警科,统一了刑事工作的领导,配合全市户口大清查的实施,开始建立了关系,工作由被动逐渐走向主动。收容与处理了乞丐游民,管制了小偷扒窃等工作,对加强社会治安工作起了一定的作用。

工作情况与破获成绩:

1.从发生与破获的案件情况来看:总共发生3976件,破获案件中,确定罪行检举处理的共2646件(未检举经教育释放的不算在内),人犯男2452人,女179人,悬案总数为1461件,占总破获数69.5%。

2.就强盗案件的情况来看:全年共发生□件,破获34件,在34件中有去年发生与郊区发生的,所以有7件悬案,破获率是61.1%。违捕盗犯男61名,女1名,缴获短枪11支,假手枪2支,凶刀21把,子弹200余发。多数是在本年2、3月份,至冬防工作结束后,连续逮捕了盗匪6股,破获盗案22件,给盗匪一个严重打击。大股土匪肃清后,零星的散匪就改变了活动方式,有的潜伏不动,有的进匪上海避风头,一般地都减少活动范围,逐渐地活动方式更隐蔽、更新奇,使我们与盗匪的斗争,转入到更复杂、更尖锐的阶段了。

3.从盗匪成分与活动规律来看:在62名盗匪中,散兵游勇与伪方人员占80%,少数是老土匪、流氓与失业者。在抢劫的方式方法上,盗匪已转变过去一贯使用的恐吓、威胁、送手榴弹等方式,而利用了冒充合法身份、化装冒充公安局便衣人员,夜间穿着警察制服,以查户口为名进行抢劫。有的伪造人民政府的证件,带在身边,争取合法手续,利用人民政府对群众有威信这个条件,以图达到他们的目的。另外还有利用送电报、送信等名义,叫开了大门行劫的。至于盗匪活动规律,大都采用隐蔽的方式,白天不出来,公共场所、热闹中心区更不容易见到,因为害怕碰到熟人或事主,他们住的地方大都在湖墅、天竺、艮山门外等郊区一带,或附近的那些小茅棚里,也有的是住在外埠,犯案后立即离去,甚至也有与匪相结合犯案后流窜乡间。

4.案件总数中窃盗案件共发生 2754 件,破获经检举的 1513 件(未检举的不算在内),悬案数 1273 件,破获率是 53.65%。全年中以 6 月份发生最多,共393 件,破获 238 件;最少的是 2 月份,窃盗案共发生 145 件;全年以 9 月份破获最少,只 63 件。

5.从易盗的方式来看:以"闯窑"为最多,其次是"扒窃"与"抬子",发生的地区闯窑以江干、下城区为多,扒窃以中山中路湖滨为多。"抬子"方式以中山路、清泰路、庆春街为多,窃盗活动的时间,还是依照老的"偷风,偷雨,不偷雪"的规律。扒窃大多为下午四五时左右,闯窑时间多为早上人家买小菜时,夏天午睡时和傍晚。

(二)特业管理工作

一年来的特业管理,着重进行特业清理并巩固上年度已登记管理的特业,从中取得管理经验,进一步有重点地发展登记健全行政管理制度,以提高特业人员政治觉悟,并配合推行工商政策为原则,达到在治安工作上及时发现问题,搞好保障合法营业,限制不法分子的活动。

1.管理工作的主要收获:在管理特业中全年发现与破获案件据不完全统计:隐藏匪特,客留窃盗、娼妓等 767 起,2010 人,特业人员的主动密报检举而查获约占大多数。

2.管理工作的几点体会:

(1)在特业管理上,必须确定特业范围与管理重点:本市登记管理的特业一度达到 10 种以上,以致"什么都管""什么都没有管好",自整风后始纠正了那种形式主义的偏向,确定以旅馆、娱乐、印铸、旧货等 4 种营业为管理重点,至茶馆、照相、西湖游船等业只结合进行一般行政管理,其余饮食业移交卫生局管理,如此,才在管理上取得了一定的成绩。

(2)特业管理的方式方法与步骤,最基本的包括调查、研究、动员教育、登记审查、贯彻开歇业异动报告制度,建立小组长定期汇报、公开检查、建立关系等,本年具体进行中收效较大的有下列五点:一是配合工商部门改组旧公会,健全组织领导。二是通过组织,贯彻法令,加强老板负责制。三是保障合法利润,调整劳资关系,掌握培养积极分子。四是联系职工会,进行组织教育,依靠群众民主管理。五是行政上严密审查登记,掌握其内部人事、异动及营业状况,深入进行检查。

(3)管理特业必须结合其营业利益,借以提高从业人员的觉悟性。例如本年对刻字业,先协助其建立行业规约,因而保障了群众利益,同时指出对伪造章戳人犯,能密报破案,绝对保障营业上不受损害,因此取得了该业的拥护,而积极分子主动地密报重要罪犯伪造章戳案 32 起,共计 40 人(内海山崖刻字社刻字工人罗路独自检举 9 起)就是一个好例子。

(4)对新开设的特业,如果政治情况复杂的,一面应继续调查了解,一面请示上级或联系侦察部门。如果对控制其内部有把握时,也可暂时批准营业,例如已被镇压的匪持分子、前清泰戏院沈庆福,圣湖大戏院□□申请开业时,都是在这种情况下特别收到配合工作的效果。

(5)依靠旧货业的检举密报是反窃盗斗争的主要方式,因为旧货业的经营者,他们有长期的经验,能辨别真伪,如果能保障他们的营业利益不受损害,就能建立很好的关系。一年来,特业管理工作与刑警队联系不够,因而对密报发现赃物案件,不适当照顾他们本身利益,所以检举的情绪受了影响,这是我们应该引为教训的。

(6)一年来在特业管理上阶级路线不明确,只走老板和利用关系的路线,未真正走向职工路线,特别是在培养积极分子方面不够,多数只利用伪方人员反映情况,更是走了弯路。

戊、交通管职工作(略)

庚、建警工作

(一)概况简述

杭市解放后我们接管伪省会警局之保警大队及各分局之伪警察共 346 人,在初接管时,这批留用警察,大部分都对我党及人民政府的宽大政策怀疑,有怕我们"不用"与"用也不会长久"等顾虑。经过教育,初步打破了他们的顾虑,而使他们迅速地在原岗位上执行了工作。经过一年多来开办人民警察训练班(后改为人民警校),吸收了一大批新的人民警察,进行了新的政治业务教育,政治上提高了一步,而在警察数量上也增加了 4 倍多。现在共有人民警察 979 人,计户警 556 人,交通警 326 人,刑警 59 人,消防警 38 人。在这 979 名人民警察中,共有党员 20 人,团员 206 人,内除 346 人是留用的以外,其余人员大多数是新参加的,南下的也只有 12 个人。

(二)各阶段警察的思想情况及我们的改进教育工作(略)

(三)我们怎样进行改造和教育工作

对人民警察,这一年多来是以政治教育为主、业务教育为辅进行教育的,因为所有人民警察中留用与新参加的成分占了绝大多数,在质量上是低的,在成分上是复杂的,所以看重了政治教育。大致上可以分下面几个阶段:

1.进行我党宽大政策与人民解放军"三大纪律、八项注意"的教育。

2.进行人民警察与旧警察的阶级教育,进一步启发大家,认识过去当警察是为谁干的,今天又是为谁而做。怎样才能当好人民警察,使大家认清人民警察应为哪个阶级服务。

3.经过上面两个阶级教育以后,大家初步认识了人民警察与过去旧警察在本质上的区别,并反复学习如何做一个好人民警察,并结合发扬民主教育进行了批评与自我批评。

4.经过上面几个阶段的教育后,随即进行业务政治相互平衡的教育,初步提高了业务水平。

5.经过教育发现,培养了不少积极分子,并通过整编评薪,整顿反动党团特登记,评功等工作及时事保密学习,进一步审查与了解了现有人民警察中一些人的成分、历史,并对成分复杂、历史不清,政治上又难以改造及违反政策、纪律的警察及时运用调训、清洗等方式进行处理,初步整饬了人民警察的纪律与整顿了人民警察的队伍。

6.有计划地在户警中补充骨干并通过建立青年团的组织,培养与教育了现有人民警察中的积极分子与骨干。

杭州市一年来民政局工作初步总结

一、工作情况和主要的收获

一年来的民政工作,是与整个杭州的建设任务分不开的。在解放初期,负责接管,基本上完成了任务,开始摸索业务,初步了解环境情况,获得部分工作经验;随后工作逐步开展,同时也遇到了许多困难,至今年春季,基于已得的经验教训,进行工作检查,重新整理研究,纠正若干偏向,渐趋稳步前进。一年来主要的收获是:

(一)发动与组织群众,支前劳军,武装自卫,登记户口,摧毁伪保甲,建立人民民主专政的基层政权。解放之初,各区通过民兵自卫、生产小组等形式,初步发动与组织了群众,并完成了当时紧张的各项支前任务。旧保甲制度因为一时的需要保留运用,半年以后,逐渐予以摧毁。在城区建立居民委员会33个(2月以后划归公安局继续办理),郊区建立乡政权29个、村政权195个,提拔与培养干部130余人,组织农会会员24200余人,民兵700余人,自卫队15600余人,登记户口30余万户(其余划归公安局继续办理),春节布鞋劳军,完成布鞋44564双,超过任务一倍以上。

(二)根据生产自救劳动教育的方针,整理救济机构,收容、改造游民,开展社会救济,扶助生产度荒,优抚军属荣军。接管伪救济机构6个,合并精简组成保育院、安老院、福利社1间,另又成立劳动院,先后收容与处理孤老残病疾,贫儿乞丐等1400余人。在改造过程中,通过劳动生产和政治教育,提高了他们的政治觉悟与劳动观念,培养文化技术知识,并适当地改善生活待遇,除福利社已完全企业化外,三院生产亦已打下初步基础,做到半自给或部分自给。今年春夏荒救济中,主要为发动社会互济,扶助生产,组织工赈和遣送回乡,同时结合紧急救济共计救济灾荒户6400余户,29300余人(不包括失业工人)。政府补助各项粮款共计大米197726斤,人民币14587930元,基本上克服了灾荒,并使新区人民获得了生产自救、互助互济等初步经验。贫苦军属和荣军的优抚工作是经常进行的,共计优抚荣属250余户,640余人,介绍职业200余人,处理过境者300余人,组织生产6处,春节发动热烈慰问,此外也进行了对机关干部家属的临时救济。

(三)在民主协商的基础上建立了救济组织,团结各阶层力量,推进社救运动,并举办生产事业,开展救济工作。解放后及时筹备与建立了全市性的人民救济事业委员会与各区分支会,并召开了人民救济代表会议,广泛协商,在统一领导下团结起来,宣传与贯彻新中国救济福利事业的方针政策,并在完成具体任务中起了一定的作用。主要如筹集股金 45 万个折实单位,创办了人民福利社,在春荒中发动劝募,募集人民币 6 亿余元,大米杂粮 24700 余斤及其他被服药品等,并以半数援助皖灾劝募团。此外如领导与推动福救团体的政治时事学习,也获得了初步成绩。

(四)扶助农业生产,兴修水利,采用良种,精耕治虫,增施肥料等,完成以增产粮食、扩大棉麻面积为主的生产任务。首先召开郊区农业生产会议,打破生产顾虑,布置具体任务,并抓紧时机对水稻区棉麻区的重点工作,组织工作队下乡,发动群众完成大小水利工程 158 处,受益田亩 3.79 万余亩,贷收良种10 万余斤,协助国家银行贷放与直接贷放肥田粉 37.5 万余斤,动员中南等私营民行贷款一亿六千余万元,并创办肥料公司,大力组织城粪下乡,同时开展了治虫防汛工作。粮食早稻增产二成,棉麻面积均较去年增大一倍以上,基本上达到了扶助生产、增产丰收的目的。

(五)保障人民合法产权,结合城市生产建设,开办房地产登记,清理产权,征收民地,并实施公地统一管理。一年来的地政工作,虽然暗中摸索创造经验,走了若干弯路,但成绩是主要的。现已登记城区房地 77.5% 以上,收入登记规费 5 亿 3300 余万元(8 月份止),并通过户籍与地籍结合,按户登记,逐步开展,分别对待,奖励检举等原则方法,有效地防止化名,便利归户,并已查出敌伪产 100 余间,执行代管。调查了郊区全部土地 31.4 万余亩的生产使用状况与城区 7000 多户房屋的租赁关系,配合生产建设事业,协助各企业机关征收民地 800 余亩,逐步做到了公地统一管理,江干沙地 200 余年来的纠纷案件也获得了合理的解决。一年来整理和增补旧地籍资料大宗,拟订有关地政法令 20 余件,已颁布民房租赁条例等 11 件。

(六)通过调查登记,基本上做到了解旧社团的一般情况,并使其接受领导,结合社救事业,发挥了一定作用。旧社团主要为福救、宗教、同乡会馆等团体,已登记福救团体 52 个,同乡会馆 44 个,宗教教会 8 个,教堂 691 座,教徒8902 人,协助同乡会组织联合整理委员会,对其原有事业财产进行了初步整理。协助组织佛教协会筹备会,推动生产,开展学习,启发他们的政治觉悟,有

800 余人参加和平签名。

二、一般工作的检查

以上是一年来本局工作中的主要收获,这是由于上级正确的领导,在重要问题上及时给予掌握检查,加之全体工作人员的努力,在学习中提高了认识,党与群众基本上团结一致,以及对工作积极负责,大胆创造经验而取得的。但是我们决不能以此自满,我们的工作成就还只是初步的,而且由于我们是处于新的城市环境中,民政工作部门复杂,工作范围广泛,加之干部的政治、思想业务水平不高,缺乏实际经验,因此随着工作成绩而来的也有不少的缺点与偏向,主要表现在:

(一)执行政策中存在急躁思想,缺乏稳步前进、长期改造艰苦工作的思想作风。主要表现在社团管理工作中,对宗教事业与旧社团的本质认识不足,虽然一般是采取了逐步整理改造管制的方法,但在执行中却产生了某些操之过急的偏向,工作方式简单、态度生硬、不够慎重严肃,特别是在开始时忽略了着重政治思想上的宣传教育。如对同乡会馆的整理工作,在缺乏群众自愿自觉基础的情况下,就先统一管理财产,对福利救助团体亦一度想通过救济事业委员会做到事业经费的统筹统支,因而使他们产生顾虑与怀疑。这种急躁思想的产生,主要是由于不仔细分析情况,研究政策,对附近的环境缺乏认识,同时也与我们进入城市以后的麻痹自满情绪有密切联系。

(二)社救工作中结合生产的思想教育做得不够,存在单纯救济与恩赐观点。一年来在社救工作中,我们虽然及时提出了变消极救济为积极生产的方针,采取了比较适当的方法步骤,克服了许多困难,但由于一般干部对人民救济事业与过去反动统治阶级的恩赐放赈以及旧人道主义思想之本质的区别认识模糊,执行中仍有不少偏差。如接收了旧救济机构的收容人员,首先就强调改善生活待遇,使他们产生"享受清福"的错误思想,以后在改造教育过程中,又未将部分可能遣散生产或有家可归的人员加以及时审查处理,产生包而办之的现象。如春荒救济对有些地区干部与群众中所存在的单纯依赖政府救济的思想,未予深入教育、纠正。在烈军工属救济中,审查救济对象不严,几乎来者不拒,政治思想教育未被重视起来,一般烈军工属尚缺乏明确的革命家属的光荣观念,及其在群众中应有的模范作用。

(三)缺乏明确的群众观点与不能正确执行群众路线。如在救济工作中,开始时忽视了对失业工人与灾民的照顾,而偏重于改造游民与一般贫民救济,不分轻重缓急,部分地区则片面强调对鳏寡孤独的救济,不重视一般劳动人民。在房地登记工作中,开始时偏重于对大业主的宣传动员,忽视了对小业主的争取教育。如在公地管理中,对一部分贫户存在着无条件减免租金的片面群众观点,缺乏对他们耐心的教育,以致影响到政府政策法令的贯彻执行。

(四)在执行任务与工作制度中存在严重的无组织、无纪律现象。如社团工作中的情况异常复杂,政策原则性的问题较难掌握,而在进行此项工作时,存在骄傲自满、麻痹大意和自以为是自由主义的倾向。如有些同志出席会议,擅自代表政府发言,重要文件随便印发,工作情况缺乏反映,不经请示,自作主张,处理社团财产,引起外界反映。在若干问题上不接受领导意见,思想不通,置若罔闻,有的单位在处理人事和财经问题上,亦有不经组织手续,随便调动与提拔干部,物资失落不报或擅自动用,以及浮报空名、冒领薪金等严重现象,未能严格纠正,以致影响工作的开展。

(五)干部教育不够重视,缺乏统一的思想领导与开展自我批评。一年来新老干部基本上是做到团结合作的,一般说老干部都能起骨干作用,新干部也普遍有了进步,但由于未能系统地进行有计划、有重点地提高老干部培养新干部的方案,行政领导上认为有市府人事处统一布置直接照顾和支部的掌握,而采取放任态度,以致干部中产生思想问题未能及时解决,影响干部工作情绪与任务的执行。现在存在于干部中的思想偏向,老干部主要是功臣自居,骄傲自满,不经常学习业务,不求上进,对政策性问题不细心研究,谨慎处理,有的犯了错误,不虚心接受批评,对领导意图不认真贯彻,对群众反映熟视无睹;有些干部存在享乐思想,计较地位待遇,闹个人问题。新干部主要是个人打算自由主义,对人民事业虽具有相当热情与进取心,但组织观念薄弱,计较个人兴趣与个人前途出路,甚至有为了个人想赚薪金去上大学而来参加工作的。在一般旧职员中则普遍存在雇佣观念,对旧思想、旧作风不加深刻反省批评,其中有些同志工作敷衍塞责,不合要求,满腹牢骚,不推不动,得过且过,如有的说:"薪水太低了,评高一点,我就积极起来。"这些思想的存在是与领导上平时对干部的思想教育不及时掌握密切相关的。

(六)一年来机关内部的工作制度虽已逐步建立,但在执行上不够严格,召开会议,缺乏中心与事先的充分准备,有些制度流于形式,处理文书,拖拉马虎,曾对上级机关误用公函,与各部门的工作关系虽然基本上并无不团结或无原则纠纷现象的发生,但是主动配合工作密切联系是做得不够的,对各区民政工作的指导存在顾虑,以致未能积极开展工作。

三、领导思想作风的检讨

一年来本局工作存在于领导上的主要缺点偏向是：

（一）领导思想比较急躁，主观性强，对上级意图与实际情况，缺乏细致耐心与具体深入的分析研究，缺乏正确估计环境条件，而希望一下打开局面，搞好工作，往往要求过急过高，因此，决定问题有时与实际情况脱节，在日常工作中，对干部缺少耐心说服的教育精神。

（二）在领导方法上对主要工作与一般工作，原则领导与具体指导没有很好地结合。往往只抓紧主要工作，过分地放松一般工作，原则领导多，具体指导少，工作布置不够全面，深入检查比较缺少，因而，若干工作形成停滞或者多走弯路。

（三）民主作风不够，个人专断问题较多，辛辛苦苦、工作繁忙，没有很好地运用组织力量，发挥集体领导作用。对组织纪律与执行制度抓得不紧，如干部中存在自由散漫与个别部门中严重的无组织、无纪律现象，虽经一再指出，但未能敢于贯彻纠正，有些事情是非责任未得分明，不了了之。

由于领导上存在以上的缺点偏向，因而影响工作任务不能彻底完成，方针政策不能更好贯彻，干部水平不能及时提高，形成某些领导和群众与实际脱节的自流现象，这是官僚主义的具体表现，它的产生根源是与个人英雄主义以及片面主观的思想方法有密切联系的。

四、今后努力方向

根据以上的检讨与分析，我们对一年来工作的主要成绩收获与缺点偏向，以及取得成绩与产生偏向的主要原因，有了初步的认识，今后在现有的工作基础上有决心、有信心去纠正偏向，改进领导，贯彻政策，以使整风获得实际的效果，主要努力方向是加强思想领导，提高政策水平，运用组织力量，贯彻群众路线，首先要做到：

（一）深入调查研究，进一步分析情况，经常学习政策，明确工作方向。

（二）加强思想教育，开展批评与自我批评，主要克服官僚主义、命令主义、无组织无纪律、个人主义、雇佣观念等思想作风，提高政治思想水平，加强为人民服务观念，在工作中密切联系群众。

（三）健全领导核心，发挥集体领导作用，统一领导思想，正确实现民主集中制，抓住中心工作，有组织、有计划地开展工作，稳步前进。

　　(四)建立与巩固必要的、正规的工作制度,严格执行会议汇报、检查总结、请示报告制度,搞好各部门的工作关系,提高工作效率,并树立机关秩序,养成团结、紧张、严肃、整洁的生活作风。

长春市人民政府关于取消街公所的指示①

（政字第 623 号）

根据城市政权组织应以市为单位,市政府的任务主要是以组织人民经济生活与文化生活为基本任务的原则,曾将区政府改为区公所,为本府之派出机关,街政府改为街公所,为协助区公所办事之过渡组织形式。经过 3 个月之准备工作,应将街公所即行取消,特作如下之决定:

一、街公所即行取消,人员家具并入公安派出所,由民政局、公安局根据原街公所之干部情况分配其工作。

二、以区为单位,各街统一向原属之区公所负责交代,区对市负责。财物经济造具清册,工作问题分别移交各有关部门并报市府备查。

交代项目:

（一）各街应列入交代的物资

1. 家具。

2. 文具。

3. 文书表册档案等。

4. 器皿。

5. 现款财粮。

6. 其他。

（二）转移手续

1. 原街公所应办未办之工作分别详细地交给区公所或派出所。

2. 各街公所取消后,派出所所需之家具物品须由派出所直接向区公所具领,区公所应按所需（原街公所的）发给,不得扣留。

3. 薪给②供给关系应由区公所、公安派出所连署通知财政局按原标准转入派出所。

---

① 原文标题为《长春市人民政府指示》。

② 薪给:指薪金。——编者注

4.关于家具、资财等,应按实交代清楚,如有隐瞒打埋伏①,则以贪污违反纪律论处。

三、街公所取消后派出所工作任务

公安派出所在公安局长及公安分局长直接领导下进行以下工作,有关公安业务事项,派出所得接受市公安局及分局之科、股指导。派出所任务是:

1.检举反革命分子,侦缉盗匪,维持城市治安。

2.调查户口,管理户口,反映社会情况。

3.保护公安设施、国家财产,取缔违章建筑。

4.协助维持交通秩序,督导取缔公共卫生。

5.组织教育居民防火、防空。

6.管理旅馆、客栈、铸造、刻字、游艺场所等特种营业,处理违警。

7.受理群众要求,调解之纠纷。

8.维护政府法令之施行。

四、派出所并有领导、教育群众之义务,宣传、解释政府法令之责任,群众有监督派出所人员不法行为之权利。

五、街公所取消后,区公所的工作任务与公安分局及派出所的关系:

(一)区公所除执行由市交办之事项,配合各局院处执行外,日常工作则为:

1.宣传与解释有关政策法令事项。

2.反映人民意见及了解社会情况。

3.优抚救济之调查与实施。

4.协助民政局办理人民婚姻登记手续。

5.协助了解房地产情况。

6.接近郊区有农产物之区,则应领导农业生产并协助财政局办理公粮租粮征收事项。

(二)区公所与分局系平级关系,区公所如有需要派出所协助办理事项,须通过公安分局命令派出所协助办理,区公所无直接指挥派出所之权,但工作上应密切联系,可建立以区长、分局长为领导的联席会议,解决工作上的配合问题。

---

① 打埋伏:比喻隐藏物资、人才或隐瞒问题。——编者注

（三）凡有关临时动员事项，由市府根据事项具体情况决定后，由区公所、派出所分别执行之。

（四）市公安局为市政府组成部分，受市政府领导。市政府其他局、科有交派出所执行事项，应通过市公安局命令执行，不得直接指挥派出所，以免多头领导、工作紊乱，并坚决克服有事找区之农村分散工作方式。故凡各局、院、处需区公所协助办理之事项，亦须以市长行之，不得直接通知各区公所办理，以免其无所适从。

（五）为了便于与人民的联系，反映上下情况，区公所可以区、街为单位召开居民组长会议，或经常组织区、街积极分子会议与各种类型之居民小组长座谈会，传达解释政策法令，反映上下情况。

以上决定希即分别执行为要。

【选自《长春解放》1949 年 12 月 31 日】

1950

成都市人民政府关于成都市半年来施政概况

（一）财经方面

1. 工商工作

从 1 月到 4 月是我建立组织、了解情况的时期。由于长期战争，造成虚假购买力和通货膨胀的现象，人们重货轻币的心理没有消除，加之匪特滋扰，城乡物资交流停滞，投机商人乘势操纵金银，抬高物价。这时我们对市场的管理方针是取缔投机，稳定物价，因而建立了花纱布百货交易所，油粮代售站，以调剂供需。在物价波动最厉害的 2 月间，抛售平价米 60066 石，维持了 14546 户人民的生活，进而配合公安处，严重地打击了金融机构首恶分子如朱君昌之类。平息了暴涨现象，物价遂渐趋稳定。

本市拥有 150 个行业，大小工商企业 27000 多户，环境复杂，管理非常困难。为便于推动工作，我们就原有组织基础上，办理工商业临时登记。同时，为消除商人的疑虑心理，使其对新政策有所认识，发动组织 25 个行业，计 142 人的学习运动。这两项工作，团结了开明的工商业者，使他们向政府靠拢，从而组织了工商联筹会，成为健全合理的工商业的组织机构，取消了封建性的旧有工商组织——旧公会、旧省商联会与市商会。

4 月后，召开了第一次工商业界座谈会，我们了解了工商业的实际困难，提出了共同想办法度过目前困难的口号，开辟土产销路，组织联营收购与运转土产的方针，根据川西与成都实际情况，具体地研究后，确定了有计划、有组织、有步骤地进行调整工作。

首先进行重点行业调查，发动学生百余人，组成 32 个调查小组。每组负责一个行业的深入调查，结果对本市的重点行业有了初步的了解和认识。开始组织了绸缎业、茶业、药材、化工、五金等行业的联营，充实周转。资力不足者，银行采取押款方式给以贷款扶助，同时组织力量下乡收购土产，因此市场渐呈活跃。在加工方面与国营企业订合同的有棉纺织业、粮食加工业、机器纺织业等。总结贷款方面，一共贷出 19589642600 元；加工黄谷 3810000 斤；菜籽 11887500 斤；染布 780 匹；改布 3600 匹；改纱 281 件。订货：上三纺素缎

250 匹；火柴 80 箱。收购：菜油、土纸、食粮、药材、茶叶等。这一工作我们从 5 月才正式着手办理,在较短的时间内,对发展生产工作,仅仅初步地摸索出了一点门径,因而在其他行业中,还没有大量展开。尤其在手工业方面,对有前途的扶助、没有前途的转化、生产过剩的减产等,指导上更是不够。今后当进一步地向这方面努力,使本市生产从维持中求得发展。

劳资纠纷方面,半年来一共受理劳资纠纷案 271 件,解决的 128 件,解雇问题 85 件,工资问题 64 件,其他 20 件。情况比较严重的是解雇问题,本市缫丝业原有作坊 900 余家,由于销路呆滞,资方对新政策又存有怀疑,故歇业停工者占 80%,致使上千工人失业。经过召开了多次的劳资协商会议,约 2 月的劳资协商酝酿,贸易部门并给以扶助,采取了订货收购方式后,大部分复业,解决了 400 余工人的失业问题。另有 4 个行业也订立了劳资合同,7 个工厂成立了劳资协商会议,解决了劳资争议,得以初步维持生产。

整理摊贩。解放后,有些商人为了逃避负担化整为零,也有些地主化形摊贩,因而本市摊贩增多,对正当工商业的经营与金融物价的管理,以及社会交通秩序都很有影响,管理整顿非常必要。3 个月来,完成了摊贩登记,调查审核,批准工作,并选定旧皇城坝整修后辟为市场,现有 20 多户迁入营业。

2. 税收工作

完成了川西财委给我们的税收任务,并超过半年任务的 3.4%,即完成直接税部分 84.12%,货物税部分 137.8%,地方税部分 93.6%。在整理税收开辟税源中,将原有不合理的税收制度加以取缔,如自卫防匪捐助等,娱乐税、屠宰税由包征制改为查征制,开征了商业税、交易税和存货补税,对财政收入起了很大作用。

半年来税收工作能够完成任务的最大经验,是采取了评议制度。如营业税由各行业自报公议,税局批准,运用民主办法,基本上做到了公平合理。当然因时间、干部等条件限制,在进行过程中,个别行业大挤小、小挤大,发生某些行业的畸轻畸重,这种现象还可能存在。这在我们今后工作中,是可以努力解决的。

3. 公债工作

本市公债配额 90 万份。3 月底成立公债推销委员会,并进行了普遍宣传,4 月 10 日开始认购,截至 4 月底,共认购 979283 份,超过配额 8.8%（自由认购不在内）。4 月 20 日起,开始缴款,共收 477054 份,占配额 53%。由于公粮税收相继开始,我们主动把公债工作暂时停止下来,所以没有达到预期缴额。总之,在 20 天内完成并超过配额任务,不到 1 个月完成缴款半数,对稳定物价,回笼贷款,起了很大效果。在这一工作中,选择认购对象是正确的,而且都大体上分开了大中小,并照顾了工商业的具体情况。同时普遍展开了公债政策,组织将近 10 万人的宣传工作,发现、培养了部分积极分子,使各界人民政治水平提高了一步,密切与政府的联系,进而提高了市民的爱国热忱。但在此项工作中,也产生一些偏差与错误,主要的是工商业与殷富任务分配比重上,殷富重,工商轻了。现在看来,二者之间的比例,工商 50%,殷富 40%,较为合宜。另外是认购面太小,重点户不到 3000 户,全部不到 1 万户,一般的全部以 4 万户为宜,这在今后工作中,还须适当调整。

4.公粮工作

催收公粮对象是川西 20 余县在成都居住的地主,约 5000 户,应缴 4612 万斤,两月内完成 2912 万斤,占总任务 63.2%,本地公粮原派 60 万斤,地方粮 12 万斤,合计 72 万斤,收起 71.4 万斤,占总任务 92.2%。完成以上任务,主要原因有以下三点:①坚决执行了按比例征收的政策;②统一领导了各县派来的工作队,避免了乱找地主的现象;③团结了各方面的力量(特别是各界民主人士)。

(二)治安司法方面

成都市是大陆最后解放的一个较大的城市,这里不仅潜伏了不少有组织的敌特分子,而且存在着无组织的相当数量的蒋匪残余力量。仅据三区调查,流散无业的蒋匪党、政、军、警、宪、特等人员即有 2993 人,占全人口的 6.1%。另外在蒋匪长期统治下,产生之惯匪、窃盗、毒贩、金融贩、敲诈、拐骗等违法分子,亦为数颇巨,仅窃盗就有 1000 多人。要根本解决这个问题,不仅需要健全治安组织,加强治安工作,而且在可能条件下,还必须逐步地进行社会收容。

半年来的治安工作,可分为三个时期:①1 月 1 日至 20 日,是在我们监督指导下,仍由伪警负责治安,我们主要是了解情况,配备干部,准备接管。这个时期,尚未发生什么问题。②1 月 20 日至 4 月底,由于我们对城市情况不熟悉,干部不足,旧人员接管后又普遍地不负责,敌特及破坏分子在外县匪特猖獗的情况下,随即乘机大肆活动。2 月份,治安案即达 816 次,其中金融案 461 次,抢案 37 次。仅 2 月 4 日一天,即发生带群众性的骚乱达 9 次之多。当时主要是破获抢劫与金融投机,以安定人心,建立革命秩序。执行了此方针后,从 3 月份起,各种案件即逐月减少。以抢案为例,3 月份共发生 23 次,破获 18

次;4 月份发生 11 次,破获 23 次(其中有外县发生的)。5、6 两月抢案大大减少,5 月份发生 6 次,破获 26 次;6 月份发生 2 次,破获 8 次(其中有外县发生的)。其他治安案件仍很多,匪特抢劫活动改变隐蔽方式,因而除仍继续进行侦察破案外,更进行户口登记及特种营业登记,并加强留用人员的改造以求得工作深入一步。

1. 侦察破案工作

各种治安案件 2511 件,共破获 1870 件,计抢案 91 件,窃盗 525 件,扰乱金融 442 件,贩卖武器 123 件,私藏军公物资 121 件,伪造 24 件,欺诈 101 件,烟毒 250 件,伤害 34 件,他杀 19 件,冒充 3 件,违警 80 件,贪污、造谣、纠纷等 190 件,尚有 642 件未破获。破获占发生案件 74%,这成绩的获得,是坚决执行了宽大与镇压相结合的政策,加之外县剿匪的胜利,基本上达到了物价的稳定,人心暂安,初步地安定了革命秩序。

2. 户政工作

解放前特别在重庆解放后,蒋胡匪军溃退成都时,许多移散人员,乱行居住,匪特分子便利潜隐,随便领取身份证,改名换姓,以致形成户政极度混乱。在进行清查户口中,初步了解了全市户口概况,计 132403 户,602341 人,比解放前减少了 925 户,6666 人。此外,查出私迁户 2084 户,发报机 7 部,电话机 11 部,长短枪 77 枝,子弹 2727 发,隐藏匪特数人,并建立户口异动流动日报制度,更在二区进行了户口实验登记,为今后户口整理取得了经验。

3. 警政工作

旧警察 1859 人,本着"改造教育,大胆使用,严格管制,立功受奖,犯法必罚"的方针,大部分思想上、作风上有所提高。能积极工作,执行任务,认真学习的 401 人。在改造中也处理了勾结匪特、假公济私、贪污受贿等坏分子 149 人,从此得以建立为人民服务的警察队伍。

4. 交通卫生

本市街道狭窄,垃圾遍地,半年来进行了车辆登记,整理乱杂摊贩,初步改善了交通秩序。清道夫由 158 人增加为 248 人,配合卫生局进行两次清洁运动,运出垃圾约 1726 吨,并初步地整顿了厕所与一部分下水道。司法改进方面,首先对旧的司法人员,有计划地召开全体会议,进行政策教育,依据新的法律观点方法,用具体事实作了实习,批判了资产阶级的法律观点,并制订了司法人员工作守则。这次会议收效颇大,提高了工作效率。自 1 月 16 日起到 6 月底,共受理民刑案 3312 件,已结 2917 件,占总案件 88.1%,未结 395 件,占总案件 11.9%，收结将趋平衡。这与接管时从伪法院移交案件 3000 多起之比，真有天渊之别。5 月又召集了本市各区及有关部门开了一次调解工作者座谈会，研究了有关民事调解原则与政策，建立与健全了下层调解机构，这样显然的五六月份所收案件减少了。目前我们更为了减少市民诉讼手续费时、失事起见，正组织一批司法人员去各区巡回审判，以进一步地获得为人民服务的效果。

在治安司法工作上，基本建立了革命秩序，保障了人民的生命财产，我们的工作，是有成绩的。但还没有更好地走群众路线，只限于少数专门人员和一部分力量进行工作，未能使侦审工作与广大群众相结合。

（三）市政方面

1. 民政工作

根据城市集中管理的原则，将旧有 14 个区合并为 8 个区，扩大了区的组织机构，调整了成都市与成都县、华阳县的边界。在本市第二区试办居民委员会，建立居民小组 497 个，正副组长 1012 个，居民委员 119 人，初步打下了民主政权基础，作了摧毁反动保甲制度的准备工作。但是我们对民主建设强调得不够，因而还没有达到市民全部摧毁保甲制度的要求。

社会救济：①失业工人救济。在整修河道时以工代赈，参加人数 2000 人，获米 971476 斤。依每人每日食米 2 斤计，约解决 980 人的全年食米。另各区公所以工代赈，组织劳动妇女 33054 人，作军鞋 98600 双，洗汽油桶 3010 个，缝麻布袋 500 条，拆洗旧军服 4520 套，共得米 3858 石，解决了 19391 人一月之生活。最近依据中央指示，成立救济工人失业委员会，已登记技术人员 882 人，普通工人 6960 人。由救济委员会介绍就业者有 244 人，以工代赈及还乡和救济的共 170 人，共发粮 3745 斤。其余正谋生产自救办法。②一般贫苦市民救济。年关发米 19000 斤，救济 14546 户，帮助贫民还乡者 38828 人。个别救济 41 户，发人民币 488000 元。临时救济 2 次火灾，2 次倒塌房屋，共救济灾民 64 户，发米 4100 斤。③收容乞丐工作，正在组织展开中。④军工烈属及资遣人员工作，安置处理了 917 户，发救济粮 5763 斤，救济了 94 户。安置退伍军人 27 人，处理资遣人员 551 人。这只做了一部分工作，没有从组织生产自救着手，今后应该向这方面努力的。

2. 卫生工作

完成了春季种痘人数 48589 人，霍乱预防注射 291772 人，占全市人口

50.32%,超过预订计划。调查饮食店 601 家,按区建立 8 个卫生事务所。整顿了市立医院,吸收门诊 2478 人。成立了市卫生委员会区分会及保卫生小组,并召开了医务人员各种座谈会。进一步展开了防疫工作,又开始建立了工厂卫生组织,以保障劳动群众的健康。这些工作大大减少了市民的疾病死亡。半年来由于经济与客观条件的限制,也由于我们主观努力不够,对劳动人民卫生教育与设施上,成绩不大,今后当从这方面多加努力。

3. 教育工作

半年来在学校教育上着重于政治思想教育,各校课程中增加政治课时间,取缔了反动与封建课本,以建立各校新民主主义的教育观点,检查了全市私立中学与重点了解了私立小学。经过几次有组织的大规模学习运动后,各学校在政治上确有了很大的提高。如这次青年学园招生,原计划 20 人,但报名者万余人,投考革大,虽经限制,满额后报名者仍很多。这说明青年学生对我顾虑已减少,有了进步的要求。

社教方面,建立了各区的文化馆、黑板报 29 处,创办了业余学校 91 所,收音站 8 处。这些工作才开始,经验还不多,还需进一步的摸索。

4. 建设工作

解放初市民即一致要求人民政府解除成都市历年水患,因为这有关全市人民生命财产问题。政府在当时极端困难条件下,开始了整修河道工程,2 个月时间完成原计划。淘河 6453.2 公尺,整修河沟 3516.3 公尺,又挖御河 1505 公尺,整修干沟 577.20 公尺,加修桥梁 11 座,包坎 2674 公尺,沟通了全城沟系,基本上消除了成都历年水患,并解决了当时一部分失业工人生活问题。

翻修马路 3 条,建设东门大桥等重要桥梁 4 座,开辟了皇城马路,安整交通干道路灯 245 盏,新修岗台 17 个,发放郊区农贷米 3 万斤,解决 447 户农民肥料问题。

【选自《成都解放》1950 年】

安东、吉林两市坚决改变
城市政权的旧的组织形式与工作方法①

为了适应城市集中的特点，需要建设适合于城市政权的新的组织形式与采用新的工作方法，安东、吉林两市已经获得了比较成熟的经验，这些经验，可以为各个城市所取法。

旧的区街组织形式与工作方法使工作不能统一，忽略工业生产，市政府与群众脱离。

安东、吉林两市在未变更旧的区街组织形式与采用新的工作方法之前，同东北其他城市一样，虽都进行了恢复发展生产与支援战争的工作，并取得了一定的成绩，但由于在城市中采用了农村的组织形式与工作方法，以市、区、街三级政权进行工作，并以街政府为城市中的基层组织，把一切工作推到街政府去做，于是就把集中的城市划成许多"豆腐块"。大量的干部被纠缠于街道，成天在贫民中打圈子；而市内大的工厂企业、机关学校却天天吵着"缺干部"而没有集中注意去管；在区街工作的干部，则各搞一套，使得政策的执行，一个区甚至一个街一个样子，难于统一掌握，混乱时生。同时把市政府吊在空中，与人民群众缺乏直接联系，而人民则苦于机构重叠、手续麻烦，办事深感不便。

安东、吉林两市的经验证明：改变旧的区街组织形式，把政策法令与工作任务的布置与贯彻执行集中于市政府之后，城市执行政策趋于统一，步调取得一致，并使市委集中精力，首先面向工厂企业和机关学校，面向工业生产。市政府亦与群众直接见面，克服了许多脱离群众的官僚主义现象。如吉林市，过去有许多事情是街干部或居民组长说了就算的，现在则由市政府通过人民代表会议或由代表征询其所代表的人民的意见，由市政府的有关机构直接解决；过去办一个户口迁移手续，往往需要 2 天，现在则可随到随办；过去市政府的决定或指示，好久传达不下去，或在中途"腰斩"了，现在只要 3 小时就可传达到群众中去。因而，吉林市在改变区街组织形式之后，火柴厂工人高兴地说：

---

① 原文标题为《坚决改变城市政权的旧的组织形式与工作方法》。

"街政府取消，麻烦减少了！"

　　但很可惜，目前东北的各个城市，像安东、吉林两市这样比较完善地改变了城市政权旧的组织形式与工作方法的，仍然很少。据一些同志的意见：城市政权的组织形式，尤其是区街两级政权组织，不能作任何变更，否则市的政权就没有了"腿"，就没有"抓头"。也有的"准备"与"过渡"了半年，依然原封不动。也有同志说：城市居民复杂，群众没有发动好与组织好，不能变更；人民代表会没有健全起来，不能变更，等等。有的城市则换汤不换药，把区街政府改为区街公所，仅仅换了一个牌子，一切仍是老样子。政策不统一，干部力量分散，领导与组织生产的机构相当弱，市级机关与人民群众依然缺乏直接联系。

　　这是由何产生的呢？

　　有的城市对旧形式原封不动或换个牌子。主要由于不去很好地研究城市特点，而习惯于老一套的办法。

　　主要是由于某些在城市中工作的同志，不能很好地研究城市的特点，而习惯于老一套的办法。这些同志担心改变了城市政权的区街组织，市级如何同群众联系，但却不肯跳出这个农村的公式，而去研究一下市的领导机关如何去同群众直接联系，直接见面。因而这些同志只是去想如何加强区街政权，如何把干部摆在区街政权中去实现与人民的联系，却始终不去想如何改进城市的人民代表会议，如何把城市中的群众首先按生产和工作单位（即按工厂、企业、机关、学校）组织起来，其次按职业（即按各行各业）组织起来，由市的机关去同他们直接联系。因之他们天天担心着，缩小了区公所的工作职权与取消了街政权，他们会失去了"腿"，会没有了"抓头"；而却不懂得，城市的人民代表会就是城市人民政府联系群众最重要的桥梁，而各行各业按其生产与职业为单位所组织的团体，就是城市政权的基础，就是它的耳目与手足，就要"抓"着这些，而如果失掉了这些，城市的政权才真正没有"抓头"，失掉了"腿"，才有脱离群众的危险。也有的地方，想把加强区街政权与改进城市的人民代表会议同时进行，但实行的结果，因为习惯于经过旧的一套区街政权的组织形式去进行工作，因而把人民代表会变成空架子，而按生产与职业为单位组织起来的各种群众组织，也不能加强或缺乏实际工作内容，其结果仍不能避免各自为政、分散割裂的做法，减弱市政府与广大市民的联系。

　　安东、吉林两市的经验都证明：为了适应城市集中的特点，城市中的各项政策、法令与工作任务的布置与贯彻执行，均应集中于市政府，尽可能地由市政府与群众直接联系，而不应分散至各街政府。安东、吉林两市均证明他们在取消区街政权组织把工作集中于市，以及日常户政、治安等工作统一于市的公安局及其直接领导的派出所之后，城市中的一切经济、政治、文化等项工作均集中于市政府，使市政府的一切工作决定能迅速贯彻实施，加强了市政府与人民群众的直接联系；同时由于把干部集中使用于市级与一部分派至派出所或企业中去工作，因之他们在公营企业的工作与公安工作均比以前加强了，发现了许多过去没有发现的问题，上下之间，反映与传达问题也快的多了，过去那种只注意做街道与贫民工作的现象，也就自然改变了。

大城市可以保留区人民政府，小城市主要经过市人民代表会议和各行业人民团体直接联系群众。

因之，我们建议：东北城市的政权组织形式可按两种不同的情况，根据安东、吉林的经验，有准备有领导地进行必要的改变。一种是那些特别大的城市，可以保留区人民政府作为一级，而在目前尚未召开区的人民代表大会选举区人民政府以前，以区公所作为市一级派出的办事机关，执行市政府所指定的某些市政工作，并协助市人民政府了解各区情况。目前应集中力量建立市人民代表会议及市一级机构。待市一级机构相当健全以后，即应召开区人民代表会议，健全区的机构，并使区的机构与市的机构建立清楚的正确的关系。而街公所或街政府，则应取消，加强公安派出所的工作，把好的干部充实到市一级机构或公安派出所或派到工厂企业和学校中去。至于那些较小的城市，还可考虑区街两级政权组织形式均不要，主要经过市的人民代表会议与按生产与职业单位而组织的各行各业的人民团体去直接联系群众，除了郊区仍应保留区街（或村）的政权组织外，我们认为东北的一切城市，均可按以上两种情况进行改变。因为街政权的存在与区政权的职权过大，不仅破坏城市的集中性，妨碍一切带政策性的问题统一由市政府处理，而且也妨碍市政府与人民群众的直接联系。这个问题是目前城市工作中的一个重要问题，因为它不仅是政权工作的问题，而且影响到城市党与群众团体的组织形式与工作方法问题，影响到城市工作的主要方向与重点所在问题，因之应该引起各地注意。

关于城市区街组织的改变，除上述思想问题之外，在具体工作中还有哪些困难，这些困难如何解决呢？

具体工作中的密切联系群众与公安派出所工作问题。

首先，城市的政权工作如何密切与人民群众直接联系？这里首先要加强城市的人民代表会议，在那些特别大的城市还要加强各区的人民代表会议，将它建设成为经常的制度。同时加强各种产业、行业与职业工会以及各种同业工会的工作。尽量把各种不同产业、行业、职业的职工，组织到各种工会中去，把各种不同的工商业者组织到各种同业公会中去，不属于各行各业的街道居民，则分别组织在合作社、文化馆中，妇女应分别组织到上述各种组织或妇女代表会中，这样就将城市的人民群众，按其不同的生产与生活的需要分别组织起来了，市与区的机关，就通过这些组织联系群众。而过去通过街的一揽子的组织是无法直接联系这样多方面的群众的。为了加强政府与人民的联系，在两次人民代表会议之间，市政府则按工作需要分别召开各行各业的代表会或座谈会，解决有关各该行业的问题，以便经常密切联系各方面的群众，了解情况，布置工作，并及时反映问题与解决问题。

其次，是公安派出所的工作问题：我们认为安东的经验是好的，他们规定了公安派出所的中心任务以治安工作为主，市政工作尽量集中于市政府，以加强市政府与群众的直接联系。在此方针下，他们规定了公安派出所的六大任务也是正确的。市政府可以通过公安局去指挥派出所的工作，由派出所在所管范围内，督促与保证政府各种法令的执行。公安派出所为了工作的便利，可组织居民小组或由该管区内的居民选举不脱离生产的街道委员会，作为公安派出所工作的助手。各市的公安派出所应该像安东市那样，定期向群众报告工作，听取群众的意见。使公安派出所，真正成为人民的公安机关。此外并经常加强对城市的公安人员进行民警教育，去掉某些旧警察的残余恶习，真正成为人民的警察。

【选自《人民日报》1950 年 1 月 23 日】

安东、吉林两市改变区街政权形式
获得成功经验①

为了适应城市人口集中及交通方便等特点,建立适合于城市政权的新组织形式与新工作方法,东北安东、吉林两市采取两种不同的做法,改变了区、街政权组织形式,把政策法令与工作任务的布置与贯彻执行集中于市一级。两市在这方面都获得了比较成功的经验。

安东是一个轻工业城市,人口较少,治安工作有基础,群众很多已组织起来。在这些条件下,该市于去年7月初旬取消了区、街政府及公安分局,加强市公安局派出所的治安工作,市政工作集中于市政府办理。在采取这一做法前,该市曾经过两个月的充分讨论和酝酿。开始部分干部在思想上还有顾虑。有人说:"取消区、街政府要发生混乱现象,是否太冒险?"但是大家充分研究了安东市的具体条件,如人口较少,工作有基础等,最后认为取消后不会混乱。又有人说:"区、街政府取消后工作谁来做?"经过讨论后,大家认为:市政工作集中市政府办理;治安工作则加强公安派出所;工会工作则按行业成立工会,由市总工会直接领导。这样一来,各项工作不只有人做,而且还加强了。对公安派出所的任务,也有不同的意见。市政府主张警政合一,派出所兼管原街公所不能集中于市政府的工作。这种办法实际上是把街公所的工作归并到派出所去。这种思想表示了市政府的旧观点,即过去依靠区街政府,现在又要依靠派出所。最后经过省政府的指示,规定公安派出所主要是做治安工作,它的任务是:(一)维持治安,逮捕反革命现行犯;(二)管理户口、居民证;(三)保护公共设施和国家财产;(四)督导公共清洁卫生工作;(五)调解群众纠纷;(六)保证政府法令的执行。对于派出所工作的领导问题,也有两种意见,市政府主张受市民政局和公安局双重领导,公安局干部认为双重领导,将紊乱步骤,使派出所无所适从,因此应由公安局单一领导。最后决定采取后一办法。经验证明,这一办法是正确的。

---

① 原文标题为《适应城市特点　改变区街政权形式建立新的工作方法　安东吉林两市获得成功经验》。

　　吉林市是东北的第四座大城市,而且是一个重工业城市。该市也在经过充分的酝酿与讨论后,于去年 7 月取消了原有的区、街政府及区公安分局,加强公安派出所的工作,同时,根据吉林是一个大城市的情况,另设区公所,作为市一级派出的办事机关,执行市政府所指定的某些市政工作,协助市政府了解各区情况,并准备将来在必要时经过区人民代表会议改组为职权不过大的区人民政府。在改变过程中,由于某些新旧不接的暂时的紊乱现象,某些干部对改变区街组织发生了动摇。有的人感觉在工作上没有个"腿",没抓头,布置下去的工作没有人做,因而主张恢复街公所。有的人看到这些暂时的紊乱现象,又看到沈阳等大城市未变,因而对改变发生怀疑。经市领导机关召开了多次座谈会及两次干部会,研究了转变后产生的新问题及其解决办法,肯定这次转变基本上是正确的而且是有成绩的。最后大家有了一致的认识。

　　四个成绩:(一)领导统一集中,政令容易贯彻,手续简化;(二)工作转向工厂财经部门;(三)治安加强;(四)统一工会组织,加强对工人领导。

　　两市在取消了区街政府后,都获得以下四个成绩:(一)政策法令的执行集中于市一级,加强了领导的统一集中,使政策法令容易贯彻,并减少了层次,简化了手续。如安东市的劳资纠纷统一由市府劳动局处理,改善了过去区、街工会各自为政,处理方法不一致,执行政策上发生偏差的缺点。工商管理由市工商局负责,因而标准能够统一。军人家属工作由市民政局负责,使贫苦军属很快得到救济。卫生费、水道费、房租等由市财政局和建设局直接收取,节省了时间和手续。过去报户口、取保、领旅行证等,要经过小组长、街长、派出所、分局等,手续繁复,时间拖得很长,现在只要一道手续便可解决。吉林市过去办理户口迁移和出生等手续,每次要用两天时间,现在随到随办,至多只要两小时。该市裕华纸厂及火柴厂职工座谈会上一致认为,"街政府取消,麻烦减少了""没有街政府,比有强"。同时,这样做还加强了市政府与群众的联系,初步克服了市政府领导上的文牍主义与官僚主义。(二)解除了市领导机关忙于区、街的烦琐事务,工作重点由区、街转向工厂企业部门,由贫民转向工人阶级,抽出大批干部加强工厂及财经部门工作。(三)在治安工作方面,安东市由于取消了区街政府,抽调出 93 名街干部,加强了 26 个派出所的工作,更密切了公安机关与群众的联系。同时,公安局又抽调了原区公安分局的干部,加强工矿保卫工作,将过去分散的警卫武装编为有力的机动的公安大队,分驻市内 3 个重要地区,有事即行出动,并组织巡逻网,治安工作比以前更强了。(四)在工会组织方面,安东市因适应政权组织形式的改变,取消了工会的分会、区及街道劳动者联合会,按行业组成 4 种工会,由市总工会直接领导,因而统一了工会组织,加强了对公私产业工人的领导。在订立劳资集体合同、公营工厂中实行管理民主化和创造生产新纪录运动等方面,都起了很大的推动作用。

但是在区、街政府取消后,两市都经过了一度新旧不接的时期。旧的组织和制度改变了,新的制度和办法还不周全,也还未成为习惯,因此特别影响到市政府与群众的联系。如安东市在区、街政府取消后,对于人民代表的联系非常不够,没有在两次人民代表会中间召开各业的座谈会,及时听取意见,研究问题,推动工作,同时对于人民团体的联系也不够,因此不能及时了解下情。此外,在取消了区街政府后,对城市贫民、街道妇女、工人家属、工商业者的组织及教育工作也放松了。吉林市并发生有些公益工作一时无人做。现安东市政府已计划采取以下两个办法来解决这些问题:(一)加强人民代表会议制度,充分运用人民代表会议。在两次人民代表会议之间,分别召开不同行业的代表会议或小型座谈会,以便经常密切联系群众,了解情况,布置工作。(二)加强区街工人、劳动群众、贫民、妇女、工人家属及工商业者的组织教育工作。除了加强各行业工会和通过行业工会及合作社将广大群众组织起来外,并加强文化馆的工作,进行城市群众的宣传教育,提高他们的思想意识及政治觉悟。同时经过这些组织及时了解情况,解决问题,加强管理。吉林市除已采取上述相似办法外,并恢复和健全了街道中群众性不脱离生产的卫生、优抚等委员,由派出所指导,负责一般公益事宜。

【选自《人民日报》1950 年 1 月 23 日】

天津市人民政府关于加强区公所组织机构的决定

　　一、区街组织变更后,在掌握政策便利群众,加强公安工作与群众的密切联系上都有了成绩。这方面的工作是有收获的。但同时也存在着一些缺点,主要是区公所编制人员过少,街公所取消后,缺乏市民组织,区公所向下传达的工作,一切通过派出所,致使派出所工作过于繁重,影响了本身的治安任务。小学教育及文化馆的经常领导,不易及时全面掌握,市级驻区的派出机构很多但缺乏紧密的联系等。为了克服这些缺点,贯彻各种政策的具体化实施,必须加强区公所的工作。成立区级人民代表会议是较好的组织形式,在区代表会未建立前,兹决定将区公所的组织机构予以加强。

　　二、区公所设区长1人,掌管全区行政事宜,必要时得设副区长1人辅助区长工作,在正副区长之下设:

　　1.秘书室——负责文印、收发、机关行政及会计等工作。

　　2.民政股——负责社会救济、婚姻登记、优属抚恤、贫苦市民免费医疗介绍、组织烈军属生产及办理市民身份证明等工作。

　　3.调解股——负责民事纠纷及轻微刑事纠纷之调解工作(有关劳资纠纷案件者,须请示劳动局办理)。

　　4.文教股——负责小学教育及人民文化馆工作之督导事宜。

　　5.卫生股——负责卫生行政,环境卫生并领导卫生事务所、医疗站之日常行政工作。

　　6.农田股——只限郊区设置,负责农村工作。

　　7.合作指导员——负责领导本区合作社工作。

　　以上编制数每区24人至34人,视区之大小及工作情况分别决定之。

　　三、为工作需要,区公所之下得设下列委员会协助推动工作:

　　1.优抚委员会——以民政股为主吸收有关部门及烈军属干属与社会贤达组织之,负责协助政府进行优抚,组织烈军属生产等工作。

　　2.调解委员会——以调解股为主,吸收有关部门及本区公正人士组织之,负责搜集反映群众有关调解之意见并协助调解工作。

　　3.文教委员会——以文教股为主,吸收人民文化馆、中心小学及各驻区单位之宣教部门与热心专家组织之,负责研讨本区文教工作之改进配合事宜。

4. 卫生委员会——以卫生股为主,吸收有关部门及私人医生或专家组织之,负责协助清洁卫生教育,环境卫生之推动配合等工作。

各委员会之人数,视各区工作情况及具体条件酌定之。

四、为便于区公所工作之贯彻及加强与市民之联系,各区得在派出所辖区内设立居民委员会,负责传达政府法令政策及各种工作之决定,搜集反映市民之建议与意见。

各居民委员会由 15 至 21 人组成之。设主任、副主任各 1 人,由公安派出所所长及区公所派定专职干部分别担任。其他委员由当地市民中聘请之。

五、区公所之工作由市政府统一领导,各股日常工作在不妨碍市政府统一布置之工作下,须接受市级各主管部门之直接指导。

六、区公所在市政府直接领导下,对公安分局、工商分局、税务稽征所、工程处、养护所分段、银行办事处及公产管理小组之工作,有施行监督指导之责,对合作指导员、人民文化馆、中心小学、卫生事务所、医疗站等工作与其主管部门为双重领导关系。

七、为了加强工作上的联系与配合,区可召集性质业务有关部门开联席会议,区长或副区长为召集人。联席会议之决定,不得违背其直属上级之指导与布置。

【选自《天津政报》1950 年第 10 期】

浙江解放以来九个月工作的
基本总结与 1950 年党的任务(节录)

第一部分:解放以来的工作过程及浙江基本特点

为了正确地总结解放以来的工作及其主要的经验教训,必须首先概要说明解放以来,浙江情况变化的一般过程和省委关于各个时期的工作布置,必须正确认识全国形势和浙江地区基本情况和基本特点,这是达到正确总结过去工作,决定今后方针、政策、策略、斗争方式、工作方法的基本根据。

一、我大军渡江之后,匪军全线溃灭,我各路大军乘胜先后解放浙江全部大陆。省委主要负责同志随军于 5 月 3 日进入杭州,6 日省委开始办公。但当时全省各个城市迅速解放,省委仓促成立,干部来自各方,准备不够,情况不熟,又未及时与坚持浙江敌后各地组织取得直接联系。在此情况下,省委决定以迅速分配干部,实行战略展开,集中干部接管城市,保证不乱,完成会师,了解情况,作为初期的主要工作。经过一个多月全党同志艰苦工作,各地干部先后到达工作地区,全部完成了分配干部,进行会师,接管城市,了解概况等几个重要工作。但由于军事形势的迅速发展,军队和干部大都集中接管城市及交通线,大军调动参加上海、舟山战役,与准备进军福建和西南,未能分散部分兵力,乘胜展开剿匪。加之处俘草率,致匪特得以乘隙重整其残余力量,盘踞广大农村,四处骚扰,城乡交通受阻,粮食困难,金融不稳,物价暴涨,部分地区发生严重灾荒,形成一时秩序紊乱等严重情况。为改变上述情况,省委于 6 月中旬召开第一次扩大会议,决定各级党委除以必要力量掌握城市工作,尤其是宁波、温州、嘉兴等中等城市继续完成接管,恢复发展城市工业生产外;党的大部力量应转入农村发动群众,清剿土匪散兵,建立农村革命秩序,领导生产救灾,征借粮草,保证军需,结合民主反霸斗争。但这次会议还没有深刻认识到全党工作重心应由接管城市转向农村这一正确方针,更缺乏有效地组织部署,故这次会议效果不大。至 6 月 25 日上海会议和接到中央批准华中局把工作重心转向农村的指示后,省委才于七月八九两日发出野战军工作队化的指示,并决定从城市机关、部队、学校抽调大批干部,动员和组织大批知识青年到农村,明确决定把工作重心转向农村,并以展开剿匪反霸斗争为中心。经过8月份一个月工作,首先在全省400多个乡内消灭击溃了股匪,匪特气焰开始受到打击,部分地区初步联系和发动了解群众,城乡交通逐步恢复,干部开始摸到了新区发动群众的一些经验。但当时大家感觉党的方针仍不够明确,部分干部对党的工作重心转向农村认识仍很模糊,甚至怀疑中央二中全会的总方针,故动员抽调干部到农村工作仍受到各种阻碍。而大部地区特匪活动仍极猖狂,甚至进攻县城,并采取"枪打出头鸟"的办法杀害和威胁积极分子,使群众仍不敢与我接近,各地干部连受损失,某些县区武装不断叛变,各地要求主力帮助,领导陷于被动。

　　基于上述情况,省委于9月中旬召开第一次党代会议,这次会议对于当时浙江情况作了比较深入的分析和估计,明确了党的总方针和农村工作的具体任务,总结了新区初期发动群众的经验,克服了干部中严重右倾情绪,这是浙江农村工作转入全面发展的一个关键。由于这一会议的成功,以及中央人民政府成立,全国各路大军连续胜利的影响,至12月初旬仅两个多月的工作,浙江农村情况发生了基本变化:全省85%的地区股匪已被消灭与击散,恶霸统治势力受到重大打击,一般地主已不敢作公开正面抵抗,农民已积极起来进行各种斗争,农村各阶层关系发生了重大变化。干部的工作情绪和信心大为提高,各项工作迅速开展。但另一方面由于党代会对全国形势新的特点和浙江基本特点缺乏足够认识,对若干有关政策、策略问题未作深入研究讨论,对农村统一战线中的基本策略不够明确,使这一时期群众运动产生了不少的缺点和偏向,甚至个别错误。在我军事清剿、政治瓦解、群众武装自卫三者结合的攻势下,残余匪特活动方式则由公开集中转入分散隐蔽,个别混入我某些组织。由于去年征收农业税任务较重,加之掌握政策和工作中的缺点,群众情绪引起波动,部分地区匪特结合封建恶霸势力,煽惑胁迫群众进行请愿以致骚动。干部在工作开展时,普遍产生轻敌麻痹思想,但在匪特骚动时,又产生惊慌失措,甚至悲观情绪。

　　省委为了把农村工作提高一步,并纠正上述偏向,于12月初召开第二次扩大会议,批判了农村群众运动中和干部思想上的各种偏向,正确分析了全国形势新的特点,确定了巩固发展稳步前进的方针,规定了我们在农村中的基本策略是"在党的领导下,依靠雇贫农,紧紧地团结中农,争取佃富农及农村革命青年知识分子,以组成农村革命统一战线。对旧式富农应采取使其中立的政策,对地主阶级应把中、小地主与大地主,一般地主与当权派地主,加以严格的分别对待,达到争取多数,孤立少数,坚决地打击和镇压极少数封建恶霸(地主阶级当权派)和反革命残余势力。"经过这次会议,农村工作逐步走向正轨,各种偏向已经或正在纠正。但这次会议对浙江情况的基本特点仍缺乏全面的分析,对征粮政策缺乏具体规定,因此前一时期产生的偏向未能彻底纠正。

二、浙江工作经过半年多来的努力,已获得了重大的成绩。在城市方面,我们完成了接管工作,保证未来,迅速建立了革命秩序,维持恢复并个别发展了生产,组织了10余万工人,召开了各界人民代表会议。在农村已共歼匪特5万余人,大部分俱已歼,改变了我初入浙江时广大农村为匪特盘踞的形势;并在剿匪反封建的斗争中,整理发展了45000余地方武装、近30万的农民自卫队和民兵。反霸、减租、合理负担等社会改革运动已在广大地区展开,这些地区封建恶霸势力的统治权威已受到重大打击,反动保甲制度已被摧毁,新的人民政权已初步建立,农民已在政治上开始树立起自己的统治权威,并已使地主阶级对农民的封建剥削大为削弱,农民经济生活亦已获得部分改善。今年征收18亿农业税的繁重任务,依靠广大农民群众的拥护,现已完成16.8亿万斤。全省大部分地区现已转入领导群众生产度荒运动,基本群众的生产情绪已有提高,大部分地区冬季作物已比往年增加。县、区、乡、村农协组织已经普遍建立起来,已有370万农民参加农会及其他群众组织。各种干部在运动中均受到了初步锻炼和考验,南下干部对浙江新区情况已有初步了解,地方语言已开始熟悉,与当地干部的团结问题基本上已获解决;一般干部思想作风、政策水平已有提高,逐渐摸索到新区农村发动群众的初步经验;当地坚持干部在运动中也已迅速进步起来;新吸收的1万余名青年知识分子,在伟大反封建的农民群众的革命运动中已受到初步考验和改造。同时我们已提拔了11000余名当地农民干部,团结与培养了21万多个农民积极分子,全省脱离生产干部已由南下干部8000余人,当地干部3000余人,发展至55000余人。原有党的组织正开始整理,并注意个别地审慎地吸收斗争中经过考验的积极分子加入党,建立党的支部。建团工作已开始由城市转入农村,全省团员已有2万余人,这就使党和政府与当地人民的血肉联系大大加强,打下了进一步巩固和生根的基础。县以上党委领导一元化、民主作风、自我批评与互相批评、党内思想领导、政策领导开始注意,领导上的官僚主义与事务主义作风已开始纠正,懂得运用党代会、农代会,并已开始运用各界人民代表会等新的工作方法。

以上就是省委成立以来所经历的主要情况和主要工作。

三、浙江基本特点。省委认为经过解放以来9个月工作和上述各次会议，使得省委对全国形势的新特点和浙江的基本特点有了更进一步的认识，并认为只有正确认识和掌握了这些基本特点，才能在工作中避免或少犯错。

（一）浙江在未解放以前是国民党蒋、陈匪帮的老巢，是帝国主义、封建主义、官僚资本主义进行反革命战争的基地，所谓"模范"省之一。他们有长期反动统治的社会基础和较完备的反动统治机构，有较强的行政控制能力，有较普遍的国民党、三青团、"中统""军统"等反动基层组织。他们不仅对一般的政治斗争、武装斗争有相当的经验，而且对非法与合法斗争相结合，公开与秘密斗争相结合也有较丰富经验。善于运用落后的宗教封建迷信团体如天主教、耶稣教、帮会、刀会、拜火教、一贯道、同善社、佛教会等作掩护，并利用各种关系打入革命进步团体，进行各种反革命破坏活动。浙江位于国防前线，海岸线长达千余里，大小岛屿甚多，在舟山群岛未解放前，敌人仍依靠海岛，派遣匪特深入内地，进行各种破坏活动。对于这些情况，如缺乏正确估计，或有丝毫轻视疏忽，均将使革命遭到不可补偿的损失。

（二）浙江的经济基础充分表现着半殖民地半封建的本质。城市一般是商业性的消费城市，工业基础很薄弱，所谓浙江财阀，实质就是官僚资产阶级和金融买办资产阶级。工人的数量除农村手工业工人外只有50万人，而近代产业工人不到10万。即现有微小工业对帝国主义的依赖性也很大。农村经济亦由于帝国主义、官僚资本主义与农村封建势力互相结合，互相渗透，因而使得在城乡经济关系、阶级剥削关系、生产方式上均发生了错综复杂的情况：(1)农作物商品化的程度较高，农业中商品作物较发展，农村经济对城市工商业甚至在某种程度内对帝国主义的依赖也较明显。同时商业资本的中间剥削也比较多样，其规模较大。不少地区农业生产不是完全为自给自足，而是为供给城市做工业原料和生活消费的，全省特产占农村总产量30%左右，如茶叶、桐油、棉花、黄麻、蚕丝、竹木、柴炭、纸及其他土特产，大都向城市及国外推销，再换回粮食及其他生活必需品。杭、嘉、湖、宁、绍地区部分农民使用较进步的肥料和工具，如肥田粉、打水机及其燃料都是依靠城市和外国供给。很多农村手工业及副业与城市工商业密切结合，城市资本家及一些农村地主，在乡镇开设茶叶、桐油、蚕丝、棉花等公司，并分设各种作坊如糟坊、油坊、粉坊、酱坊、木行、竹行等，低价收买原料和特产，利用廉价劳动力加工，再高价出卖成品，形成严重的中间剥削。(2)阶级关系剥削关系复杂，借贷频繁。大部分土地虽也集中在地主阶级手中（约占70%以上），但出租土地的人们中间，除一般地主及旧式富农外,还有大批兼营工商业的地主或兼作地主的工商业资本家,形成地主和工商业者的关系极为密切,或者兼而为一。此外还有相当数量非地主阶级的小土地所有者,如教员、医生、职员、工程师、技术专家、自由职业者、独立劳动者等,他们以出租少数土地作为自己部分生活补助。也有部分农民为生计所压迫,到城市做工或另谋其他出路,而将自己小块土地出租,形成工人和农民的联系极为密切。贫中农间租佃关系亦较频繁。其次公田、学田、庙田、族田、祀田亦较多。租佃形式有定租、活租、分租、大租、小租、押租、预租、劳役租、空头租,不少地区还有永佃权等。租额最轻的仅占产量 15%,最重的占产量 70%以上。出于农村商品经济较活跃,故借贷关系普遍频繁,主要是地主、富农、商业资本,利用季节,操纵市场,投机取利。也有不少工人、农民放债,形成农民之间,工人与农民之间的借贷关系。农村借贷户某些地区占总户数的 70%~90%。(3)在生产方式上仍然是个体的、分散的、落后的生产方式。但在杭、嘉、湖、宁、绍等沿海平原地区,富农、佃富农雇用较各雇工,耕种大量土地;并有少数经营地主、农业资本家和个别公营及私营农场,采用机器和较进步生产方式。除地主富农外,也有不少富裕中农和中农雇用长工和零工。农村中雇工人数较多,如宁波专区即有 10 万雇工,雇工工资较高。

(三)浙江文化比较发达,全省中等以上学校为 230 所以上,乡有完全小学,保国民小学很普遍;教职员和大、中学生为数达 12 万人以上,其中大多数为地富子弟;工人农民读书识字的一般较多,文化水平较高,但因长期受反动教育受欺骗宣传影响较深。这是我们工作开展的有利条件,也是我们工作不易深入的因素之一。

(四)浙江曾经发生过多次群众革命斗争和群众运动。如杭州、宁波工人有不少参加过大革命时代各次罢工斗争;许多地区曾经历过太平天国运动以及参加过大革命时代的农民暴动;浙西南某些地区群众参加苏维埃土地革命斗争,某些地区并坚持了 3 年游击战争;浙东、浙西、浙南在抗日战争与解放战争时期发展并坚持了游击战争,直至解放。群众有过革命斗争的锻炼和党的传统政治影响,他们有一般的政治觉悟和认识,但很不平衡,另一方面也由于国民党反动统治阶级对人民革命斗争的残酷镇压,迭次遭受反动势力的惨重打击,革命组织遭受不断破坏和损失。这种情况一方面说明群众斗争性较强,但另一方面也产生一定的报复情绪。同时由于革命组织迭次遭受破坏损失,脱党、自首、叛徒等分子很多,情况复杂。

(五)浙江的干部来自四面八方,有南下干部、有军队干部、有坚持本地斗争的干部,有解放前后参加进来的大批革命知识干部,有新从群众运动中涌现出来的大批工农干部,有大批留用干部,这些干部均有着不同的优点和缺点,不同的思想作风、工作经验和生活方式,是必须经过一定的时间和斗争过程,才能求得相互了解相互认识,逐步改造提高而走向团结一致的。

第二部分:9个月来农村工作的基本总结(略)

第三部分:城市工作基本总结

总的来说我们正确地掌握了中央及华东局关于城市政策及接管方针,使全省各城市均很顺利地完成了接管工作,没有引起混乱,维持恢复发展城市生产,组织工人、青年、妇女等各阶层人民,确立城市革命秩序及建立人民政权。但对接收物资的使用上及国家财富的爱护上发生了本位主义、浪费、不负责任等倾向,而遭受了一些可以避免的损失,这些反响至今尚未引起普遍的重视与警惕。自第一次党代会后全党全力注意了农村工作,对城市工作多少是放松了,这是很不妥当的,必须认真地纠正。今后首先应加强3万人口以上及不到3万人口的城镇或是物资集散的中心市镇的工作,同时一般市镇也应适当地加强,地委县委应建立城市工作委员会,专门研究城市工作,省府也应拟出各种不同城镇政权之组织与编制。目前党在城市的方针仍是第一次党代会上所规定的:"全力维持恢复生产,发展交通运输事业,畅通内外间贸易,力求部分的发展。"但在某些生产尚难维持者应作主动地紧缩与转业。

依靠工人阶级的问题上,一般比较重视,全省有组织的工人10万人,在公营企业中一般注意了组织工人的生产积极性。但就整个职工运动来说仍存在着不善于领导工人运动,对工人的宣传教育上只片面强调做主人翁的思想,领导工人正确地认识在当前的困难情况下如何来担当主人翁的责任是很不够的。对公营与私营企业中工人运动缺乏明确的区别,没有提出公营企业中工人系企业的主人,企业管理人员与工人之间不是劳资关系,而是工作上的分工。对工人物质保证上是不够重视的,贸易机关没有明确认识到保证工人粮食及必需品配给是其重要任务之一,常常把对工人的配给与一般平价配给不加区别地混淆起来。在工人的组织工作上,关门主义遇到批判后,又在某些地方产生形式主义的缺点。依靠工人阶级是要依靠有觉悟的在共产党领导之下的工人阶级；要使工人政治觉悟提高就必须给工人以足够的、广泛的宣传与教育；要在物质上尽可能地给予保证，如食物配给；要使工人广泛地组织起来，参加到政治生产等运动中来。

掌握劳资两利的政策上是在左右摇摆中，开始时一般是"左"的倾向大，而后又变成右的倾向大，未能正确地认识劳资两利的目的，是为了恢复与发展生产，保证工人实际工资，这是一个阶级斗争的过程。必须根据具体情况出发，这就是说必须有一个明确的思想：公营与私营的不同。掌握三种不同的情况：尚能赚钱的，只能维持的，仍在蚀本的。运用三种不同的方法：作必需的改善，缩持实际工资，适当降低工资。运用三个武器：工会必须是站在工人利益方面，劳动局是站在调解仲裁方面，工商联是教育资方老老实实。为了加强劳资关系之领导，各地应加强劳动局或科之组织及工商联的工作。

城市的管理工作一般是获得了不少的成绩，但缺乏明确的认识与具体掌握，一般说浙江城市只是中小城市，领导必须集中到市级或城区级或镇级，过去采用的街政府与户的办法应取消，在派出所之下建立居民委员会，但必须防止变为一级政权。农村中的分散办法是不适于城市的，管理城市是依靠政权，及其所属的公安局——分局、派出所及人民法庭，工商局——科、贸易公司等各个组织，最主要的是公安局，这是政治斗争的最主要的武器。工商管理、银行、贸易、税收等，这是经济斗争的武器。为了加强对经济斗争的领导，当地党委应定期召集同级政府及各经济机关负责人会议，根据上级指示及当地情况研究市场斗争政策的具体办法；如果与上级规定相矛盾的，必须迅速报告上级请示，任何各自为政都是错误的。各界代表会议是党与人民政府联系群众的一种最好形式，各地虽然注意了这一工作，但很少认真地做好这一工作，大多数地区是一种比较形式化的，而没有明确地认识这一工作的重要性及其重大的作用。

特将饶政委传达毛主席的几点指示提出如下：

1. 城市与乡村何者为中心？无疑问地应以城市为中心。

2. 工商关系应以何者为中心？无疑问地应以工业为中心。

3. 公私关系应以何有为中心？无疑问地应以公营企业为中心。

4. 劳资关系应以何者为中心？无疑问地应以劳方——工人阶级为中心。

"发展生产、繁荣经济"是新民主主义经济的方针、目的，也是我们的任务，而"公私兼顾、劳资两利、城乡互助、内外交流"，则是在一定时期内为了贯彻上述方针任务或达到上述目的的必要政策与方法。

第四部分：党在 1950 年的任务

根据中央、华东局的指示，及浙江的情况和特点，我们 1950 年的任务：必须支援人民解放军解放舟山、台湾等岛屿，粉碎封锁，完成解放全国的任务；同时贯彻剿匪、反特，坚决肃清残余敌人。必须保持全省农业生产常年水平，力争增产，战胜灾荒，解决粮食、原料困难，维持、恢复发展城市工业生产，完成财粮税收任务，保证财粮收支制度的集中统一，厉行精简节约。克服严重的财政经济困难。必须开好各界代表会议、农民代表大会；建设区乡政权；充分发动群众，整理扩大组织，训练干部，准备好各种必要条件，以便秋收后在全省绝大部分地区进行土地改革。使农村生产力获得解放，农村经济得以恢复和发展，并使城市工商业发展获得可靠的基础。

完成上述光荣任务是极其艰巨的，不仅客观上存在着美帝国主义者与国民党残匪的封锁轰炸配合内地匪特与封建势力的阴谋破坏，而主要的还在于已发动和组织的群众其觉悟程度尚未达到应有的高度，组织群众大多数的要求还未达到，某些地区群众组织严重不纯；基层政权尚未进行真正的民主改造；干部政策水平工作作风还不能适应任务的要求，这些都必须加以克服。但不应过分夸大这些困难，必须看到海上残匪即将覆歼，内地匪特正在动摇、瓦解、崩溃中，这些残余敌人不久即可被肃清。还须认识经过反霸、减租、合理负担等斗争，全省绝大部分地区农民群众已初步发动起来，革命秩序已初步确立，党政军民组织系统已普通建立起来。成千成万的革命干部已在运动中生长起来，并得到初步锻炼，农民群众的土地要求是很迫切的。只要我们各级党的领导不骄不躁，善于接受过去丰富的经验教训，善于掌握党的方针与当时当地的具体情况有计划地发挥有利条件，克服不利条件，任务是一定可以完成的。

（下略）。

谭震林

1950 年 3 月 3 日

北京市选举街道居民代表的经验①

即将召开区各界人民代表会议的京市第六、第七、第一等3个区,对选举街道居民代表(包括工商业户)获得了一些经验。现在第六、第七2个区已普遍召开过街代表会议,选出了区各界人民代表会议的全部街道居民代表。第一区各街道正在选举街代表。各区街道居民在选举过程中逐渐懂得区各界人民代表会议是怎么一回事,并且都表示很重视。

在普遍展开选举以前,3个区都分别选择了一两个地区,集中干部力量,进行重点的选举试验,取得初步的经验和教训,加以总结,根据这种经验,再由筹备委员会派出工作组分别到区内各街道普遍展开选举。在选举工作中一般都纠正了初期对群众的觉悟程度估计过低的想法,也纠正了不敢放手的工作作风。在宣传工作上,改变了单纯依靠开会和朗诵"组织通则"等脱离群众的方式。一般的工作步骤是:召开群众会议,说明区代表会议的性质和代表产生办法,经过适当时间后,以几十户为单位,召集街道居民会议,选举街代表同时收集意见,最后以派出所辖区为单位,召开街代表会议,选举区代表,同时把街代表从居民中所收集的各种意见,汇集起来,准备交由区代表整理后,提交区各界人民代表会议讨论。选举进行之前,一般强调说明了当选为代表的主要条件是:能够代表当地居民向政府反映意见和要求,并协助区人民政府(区公所)传达政策和联系群众。把一部分市民"只有能说会道又闲着无事的人才能当代表"的思想改正了。选举的方式一般采取由群众讨论与提出的办法,因此,有的地方有候选人,有的地方没有候选人;候选人名额的多少也各不相同,投票的方式也多种多样(已有票选、投豆、举手、圈名、画道等几种)。这种依靠群众充分发扬民主的作风,受到广大街道居民的热烈拥护。

第六、第七、第一等3个区的经验证明:只要进行了适当的宣传工作,使街道居民懂得区人民代表会议的性质,他们就自然会以高度的重视,慎重地选出真正能代表自己为大家办事的代表。以第七区第三、第四两派出所为例:两所

---

① 原文标题为《选举街道居民代表的经验》。

共有居民 1871 户，采取依靠群众进行选举的方针，共选出街代表 36 人，其中 30 人都是比较热心为群众服务，早已为居民选为治安组长、治安组员或卫生组长的积极分子。当这些街道代表选出之后，群众纷纷提出自己的意见，请他们转达给区代表。在 26 日举行的街代表会上，这些街代表们热烈发表意见，25 分钟内共有代表 19 人发言，提出了 24 项建设性的批评和建议，包括干部作风，市政建设、文教、卫生、经济、治安等 17 类有关当地居民福利的问题和具体的建议。会上当选为区代表的排子车工人苏孟春说："大家选上我作代表，就算搭了座桥，有关大家福利的事情，我一定好好把它带给政府。"

现在 3 个区的区、街代表正在继续收集街道居民的意见。廊房三条老皮匠谢景槐说："以后就好办了，大、小事情都有地方说话了。"煤市桥泰丰楼饭店经理王继堂说："不怕不识货就怕货比货，现在的人民政府跟以往的反动政府一比，不同的地方太多了！"

【选自《人民日报》1950 年 5 月 31 日】

杭州市人民政府关于取消市区区公所的决定

为了适应城市集中的特点。以市为工作的基本单位,本府曾于 1949 年 9 月变更市区组织机构,取消上中下 3 个区政府,成立该 3 区区公所,不作为政权一级,作为市人民政府的派出机关,以加强政府与人民的直接联系,当时这样做是正确的。经过 1 年工作后,本市各方面情况,已有很大变化,表现在:一、市人民政府对于城市工作的领导,已大体摸索到一些经验,市人民政府所属各部门机构已较健全,因此可以担负起作为一个工作基本单位的责任。二、公安机构加强,派出所普遍设立,基本上能够担负起保护市民利益的任务。三、伪保甲制度已废除,居民委员会已大部分建立,人民群众已经有自己的组织。四、各种人民团体俱已组织起来。为了要求进一步贯彻执行人民政府政策法令,密切政府与人民的联系,高度发挥市人民政府的集中领导,市区公所今天已无再继续存在的必要,因此我们决定:一、自 6 月 1 日起,本市区区公所(上城、中城、下城)宣布取消所有日常工作,属于各局范围者,由主管部门负责办理。二、所有市区日常行政管理工作,交由原该区公安分局接收,因为这样做可以使公安局能够密切联系群众,依靠群众实行人民民主统治,并有效地保卫人民生命财产的安全。三、凡有关民事方面的工作,由公安分局民政股办理。四、市民婚姻登记,郊区由区人民政府负责,市区由市人民政府民政局管理之。

本决定下达后,仰各遵照执行。

此致

公安局、民政局

1950 年 6 月 1 日

成都市人民政府关于结束居民委员会
建立居民小组的指示

根据市三届二次各界人民代表会议的决议,各区在召开了区的各界人民代表会议之后,应结束居民委员会组织与工作,为了贯彻决议的执行,特别发布如下的指示:

一、结束居民委员会方面

(一)居民委员会的组织及其工作的结束,各区应该有充分的准备。首先要适当地进行宣传解释,召开全体居民委员会委员大会,传达市三届二次各界人民代表会议的决议和精神,适当地估计其过去工作中的成绩。另一方面恰当地指示目前取消居委会的原因与根据,经过充分讨论,能够认识到各区人代会的召开是我市民主建设向前进了一步,居委会的任务已经胜利完成,使居民委员思想上动员起来,并克服对取消居委会的某些不正确的看法与思想。

(二)居民委员会的积极分子,各区应有计划地、有意识地吸收到协商会各种委员会及治安保卫委员会、抗美援朝分会、居民小组中去继续为人民做事。

(三)各居委会,因各界人民积极捐助了物资,各区应组织交代造具清册将物资仍使用到各该地区人民福利事业上去。各街道的秧歌队、阅览室应有人继续领导与管理。

(四)以区为单位,组织评功委员会。对居民委员会小组长有显著成绩应记功给奖,只要一个委员或一个小组长为人民在某一件工作上做了显著的成绩,另一方面其本人在人民群众中有好的影响,政治上清白,就应给奖,并在各区人代会上举行隆重给奖,庆贺居民委员会的胜利结束。

二、建立居民小组方面

在居民委员会胜利结束之后,首先应以目前2个或3个居民小组为范围,组成一个居民小组,并须照顾原来代表选区选举小组长、治安员、卫生员,正式建立居民小组。

居民小组在区人民政府派出的民政干事领导下进行工作,为了工作与居民的联系的需要,可通过民政干事召集居民小组长联席会议或部分小组长的联席会议。并得以各派出所辖区范围,视工作之需要,设立临时性的某一项工作委员会,其工作结束,委员会也随之结束。

【选自《成都解放》1950 年 6 月 8 日】

江华在中国共产党
杭州市第一次代表会议上的报告（节录）

一、杭州市基本情况及一年来的变化

杭州在解放前，是江浙财阀及蒋陈匪帮反动统治基地之一，在政治上、经济上有其特殊性与复杂性。

浙江省是蒋陈匪首的老家，是匪帮特务组织"中统""军统"的重要阵地，而杭州则为全省反动统治的中心，其反动社会基础较为强大，反动统治的经验也较丰富。另一方面，从大革命失败后，我党与杭州工人阶级一度失掉联系，抗战以后，由于党在全国的政治影响空前的扩大以及江南敌后抗日游击战争的展开，党的组织亦随之恢复建立。群众对反动统治的不满情绪也逐渐高涨，学生举行了英勇的反内战、反暴行、反饥饿的斗争，工人也连续不断地爆发了反饥饿、反压迫的自发性的斗争（人力车夫万余人大罢工，丝织工人两万余人大罢工，公教人员加薪斗争）。到解放前夜，统一了全市党的组织领导，加强了党在群众运动中的领导，培养了大批群众运动的干部，进行了广泛的、有领导的学生护校、工人护厂、保护机关迎接解放的斗争。

杭州是一个消费性大的商业城市，商业资金总值比工业资金总值大，重工业是没有基础的，为数很少的轻工业中，又是以高级消费品的丝绸为主（全市以此为生的约有 10 万人）；杭州又是全国性的游览城市，因此与此有关的消费性的工业（织锦、杭扇、杭伞、剪刀等），迷信品制造业（锡箔、木鱼等）与菜馆业是很发达的。其次，杭州是浙江农村土特产的集聚城市，为帝国主义掠夺的主要原料丝、茶、桐油等大部农产物从此出口，其中一部分在此加工。杭州邻近上海，工商业中很多是上海的分厂分店，这就形成了对上海经济上的依附，并从而加重了经营上的投机性与生产上的落后性。

解放以后，杭州在政治上起了根本的变化，彻底摧毁了国民党长期反动统治，没收官僚资本为人民所有，建立了以工人阶级为领导的工农联盟为基础的各民主阶级联合的人民政权，确立了我党在政治和经济上的领导地位。

但一年来杭州的经济情况又经历着许多的严重困难。解放初期，由于帝

国主义实行沿海的封锁与封建势力和匪特把持农村,造成城乡不通气,市场萧条,原料缺乏,主要的轻工业——丝绸立即生产萎缩。秋后由于全省农村进行了剿匪反特与普遍地实行了减租运动,建立了农村的革命秩序,城乡关系初步打开,加以旺销季节来到,10月份市场曾有一度起色。这一时期杭州经济困难的严重性,是在迅速发展着;但在某种程度上,为旧社会经济的投机性所造成的虚假购买力所掩盖,而未立即暴露出来。今年3月,中央实行财经统一工作,并采取了一系列的有效措施以后,物价趋向稳定,投机商业遭受致命打击,虚假的购买力亦随之而停止,许多货物失去市场,又不适合于人民的需要,盲目生产,机构臃肿,于是长期潜伏的旧社会经济的病症,才全部爆发出来。那些建筑在投机性所造成的虚假购买力上的工商业即相继垮台,关厂歇店不断发生,四五月间有20000多名工人失业。其中投机性愈大的,赔得愈快愈彻底,如银楼垮了100％,银钱业40多家只剩下七八家,纱布行庄垮了70％。

这是杭州一年来经济情况的基本变化。所有这些变化都是过去历史遗留给我们的。这些变化对于我们虽有暂时的痛苦、困难,但这些变化的性质,却并不是坏的,它将走向新生,走向重建,走向繁荣,走向健全的新民主主义经济的建立。这种变化是伟大的人民革命的结果。

二、一年来工作的基本总结

一年来由于全市党员的努力,坚决执行中央及省委指示的方针、政策,我们的工作获得了一定的成绩。表现在,解放初期,坚决执行人民解放军总部约法八章的正确政策,充分发挥军事管制作用,肃清公开反抗的武装匪特,不断粉碎少数潜伏匪特的破坏阴谋,我们是比较完整地、有秩序地顺利完成接管。建立政权,确立了革命的社会秩序;取消保甲制,建立居民委员会,完成了户口登记与编查工作,严格管理市内交通,进一步巩固革命社会秩序。全市基本群众,大多数已经组织起来,克服了组织工作中的关门主义,进行广泛深入的宣传教育,组织了职工55000余人,青年学生13000余人;农民与妇女的组织尚不够广泛(组织了农民27000余人,妇女30000余人)。建立青年团,发展团员共9000余人,曾动员下乡有4000余人,现有团员4000余人,杭州市建团较早,成绩也较大,并取得了一些建团的经验。在建党工作上,共发展党员545人(全市现有党员1877人,支部109个);克服了公开党的思想顾虑,公开29个支部,直接与群众见面,接受了群众正面批评与建议,使党与群众有进一步的联系。全市各界人民代表会议共召开了4次,进一步团结了各民主阶级与民主人士,提高各界人士对我党政策的认识,使政府与群众有更进一步的联系,增强群众克服困难的信心,启发群众爱国热忱,完成并超额完成公债任务。贯彻民主评议,实行合理负担,完成税收任务。在扶助正常工商业方面,坚决执行了紧缩维持生产的方针,采取加工订货而达到了工商业的维持。通过就业、转业、以工代赈,救济了部分失业工人。进行了对乞丐、老弱等社会救济的部分工作,开展了社会文教卫生运动,在政府财政困难情况下,维持了必须维持的市政建设,获得人民的赞许。在郊区,去冬通过开展农民反封建运动,完成了征粮任务,今春以贷肥贷种,支持与扶助了农民生产,领导农民生产自救,度过了春荒。经过学习与干部鉴定工作,初步克服干部中的游击习气与各种各样的个人主义思想,稳定了工作情绪;在工作中,开始摸索到一些城市工作的经验,初步提高业务水平,坚定了克服困难的信心。一年来,我们在生产工作成绩基础上,扩大我党的领导威信,进一步巩固人民主政权。

一年来的工作,成绩是主要的,但是我们决不满足于自己的成绩。在工作中,我们的缺点与偏向也不少,甚至个别问题上有错误。主要表现:

1. 领导生产问题

领导生产,搞好生产,是城市党的中心任务。二中全会决议第四节很明确地指出:"……从我们接管城市的第一天起,我们的眼睛就要向着这个城市的生产事业的恢复发展。……只有将城市的生产工作恢复起来和发展起来了,将消费的城市变成生产的城市了,人民政权才能巩固起来。城市中其他的工作,例如党的组织工作,政权机关的建设工作,工会的工作,各种民众团体的工作,文化教育方面的工作,肃反工作,通讯社报纸广播电台的工作,都是围绕着生产建设这一个中心工作,并为这个中心工作而服务的……"最近三中全会毛主席的报告中更明确地指出了这一任务的重要性。同时,全省第一次党代会议根据杭州的情况提出了"全力维持恢复生产,发展交通运输事业,畅通内外间贸易,力求部分发展"的方针;省的第二次党代会议上除了肯定上述的方针以外,还指出"某些生产尚难维持者,应作主动的紧缩与转业"。市委认为以上方针是完全正确的,但一年来我们在工作中并没有很好地贯彻。其主要的原因在于:

第一,市委在领导思想上还没有明确树立把城市中其他的工作都围绕着生产并为生产服务的中心思想,进入城市后,依靠工人阶级、搞好生产,仅是抽象的概念。我们在宣教工作方面,片面强调工人阶级"翻身当家",搞福利和文娱活动,而没有进一步强调工人阶级翻身以后,搞好生产、领导生产是工人阶级的最高利益。这样就助长了工人"左"的情绪，劳资关系不够正常，工人生产情绪与劳动纪律松弛，开会过多、文娱活动频繁，影响生产。我们在组织工作方面，没有把组织工作与生产工作密切结合起来，存在着"为组织而组织"的形式主义。对生产干部的团结、教育、改造、培养是不重视的。我们在调解劳资纠纷掌握工商政策时，也没有紧紧掌握"一切为着生产"这一基本精神并以此为出发点去处理问题。工厂支部在领导工会工作"面向生产，领导生产"上，同样没有能起应有的核心带领作用，支部不注意领导生产工作，是普遍存在的现象。

第二，在领导生产上，市委对旧社会经济的腐败性、投机性、不合理性认识不足，没有明确掌握"改造生产是实现维持且恢复发展生产方针的中心环节"，正如二七社论所指出的："学会管理企业，把官僚资本主义企业，改造成为新民主主义企业，就应成为中国工人阶级目前的中心口号。"由于我们没有掌握这一中心环节，所以在执行维持恢复发展生产的方针时，没有建立在改造的基础上，而是单纯地为维持而维持，结果使能维持的不能很好维持。我们在公营企业工厂中，还没有明确认识今天管理民主化必须建立在改造生产的基础上，才不会流于形式，才有内容。我们若干的行政干部与工会干部对民生管理、民主改选是非常不重视的，甚至个别行政干部采取消极反抗态度。因此，在公营企业中，也没有把改造机构、改进技术、提高生产效率、提出合理化建议、节约原料、减低成本，形成一个群众运动。对于私营企业，未能有计划地、有步骤地教育督促资本家，以自力更生的精神向改造生产的方向努力；对工人也为了照顾目前利益，不敢大胆积极地说服工人主动团结推动资方进行改造生产。

第三，在"公私兼顾，劳资两利"政策的执行上，我们还存在着"左"的倾向。如认为"让他拖垮，公家好去接管""资本家反正有钱，拖一下不要紧""私人商业消灭得愈快愈好"。由此，在工资政策上，由于对劳资两利政策认识不足，以致解放初期盲目跟从群众的片面要求，形成了"大小不分、工商不分、困难轻重不分，一律看待"的平均主义。单纯的任务观点，形成了商业负担上的畸轻畸重现象；在郊区农业税上，虽然完成了任务，但未能掌握政策（平均负担为33％）。在公私工商业关系上，没有根据杭州的实际情况，合理地进行调整，做到"统筹兼顾，各得其所"。在贸易工作上，企图垄断包办，违反自由贸易政策。为什么产生以上这些错误呢？主要是由于我们缺乏与私人资本主义经济长期合作的观念，没有明确认识整个中国的经济情况：私营经济比重大于公营经济，公营经济今天应该积极主动地扶助领导私营经济，发挥其有利于国计民生的生产积极性,参加新民主主义的经济建设。

2. 与党外民主人士合作问题

我们认为城市统一战线工作,主要是依靠工人阶级、团结其他劳动群众、争取知识分子、争取尽可能多的能够和我们合作的民族资产阶级及其代表人物,来搞好生产、管好城市,积极和三大敌人的残余势力进行坚决斗争。在这方面,我们一般是有成绩的;但是很不够,主要由于党内还存在着严重的"左"的关门主义倾向。全党对统一战线工作的重要性认识不足,没有把它看作重要的政治任务,没有积极教育工人阶级主动去团结民族资产阶级及其他代表人物,发挥其生产积极性,参加民主建设工作,巩固人民民主专政。我们与党外民主人士实行合作,还是包办代替的作风,缺乏民主协商的精神。对他们采取敷衍、怕麻烦、不敢接近和不愿意接近的态度。在另一方面,也还存在着某些对党外民主人士无原则的迁就,对其错误观点,不敢进行适当批评的"右"的倾向。部分同志对各界人民代表会议及协商委员会,采取漠不关心的态度,开会不到,又不请假,只把它看作我党利用的工具,还没有提高到原则高度,认识到这是团结各界人民、巩固人民民主专政、把党的政策变为各界人民行动最好的组织形式。在领导上,虽然已经对各界人民代表会议重视了,但还不善于充分运用协商委员会,来解决生产和民主建设上的各项重大问题。我们对非党工作人员的团结、教育、改造工作,虽有某些进步,但显然还没有做得更好,存在着宗派作风、傲慢态度,没有把他们当作自己的干部一样看待。以上这些,使我们党和各民主阶级中广大的中间与落后分子的联系,至今还不够广泛与正常。

3. 党内思想作风问题

一年来我们全党同志一般都表现积极负责,要求进步,而且基本上是团结一致的,这是我们一年来工作取得一定成绩的主要因素;但是在思想作风上还存在着几个主要的缺点:

(1)缺乏坚强的群众观念,因而在工作中不大胆相信群众,没有很好执行群众路线,不善于运用组织力量来推动工作;另一方面存在着片面的群众观点,迁就落后,不敢坚持原则。对新干部的教育、培养很不注意,形成工作一把抓、包办代替、简单急躁,干部兼职多(少者三五个,多者十几个),什么都沾一手,结果往往什么都弄不好。如工会工作至今还没有真正做到"大家办工会"。有些单位行政上的生产计划没有很好地去和群众商量,研究如何贯彻,而是公布了事。由于单纯的任务观点,工作中存在着严重的命令主义作风。

（2）对旧的不适合城市工作的一套工作作风、工作经验依恋不舍,对新事物不够敏感,对新工作的钻研精神很差。一般还不善于从实际工作的总结中,吸取新的经验,提高工作水平。因此在工作中严重地存在着老一套的经验主义作风,不能迅速适应客观需要,打开局面,提高自己。

（3）党内少数干部经不起城市繁华生活的诱惑,滋长着个人打算、享乐腐化思想,闹地位、闹享受,严重的甚至发展到吞用公款公物、受贿敲诈、嫖妓宿娼,个别同志发展到政治上动摇,要求脱离党、脱离革命。我们对于这种严重的错误应该坚决地做斗争。

（4）没有正确地运用批评与自我批评的武器,开展党内必要的思想斗争,自由主义空气相当浓厚、无组织无纪律现象从上到下还普遍存在。有些同志把请示报告制度认为是件"多此一举"的麻烦事情,不了解这不单是一个手续问题,而是一个组织原则问题。由于请示报告制度没有认真地建立起来,工作中产生不少违反政策的行为,使党受到了不应有的损失。

同志们! 我们指出上述缺点,是为了从积极方面克服这些缺点。我们应该深刻认识到,正因为我们还存在着这些缺点,过去一年中我们还没有高度发挥主观能动性把工作做得更好。

1950 年 6 月 14 日

福建省关于居委会工作人员聘任、待遇的通知①

令福州市人民政府

一、公元 1950 年 7 月 28 日府民字 1211 号代电悉。

二、根据北京、天津等市经验,居民委员会不应是政府行政一级,其主要职责是传达政府法令政策及各种之决定,搜集反映市民之建议与意见,居委会主任副主任可由区公所派定,专职干部与公安派出所所长分别担任之,其他委员由当地市民中聘请之,为避免形成行政一级,脱离生产人员,应尽量减少或设部分半脱离生产干部,协助日常事务,请你们根据实际需要研究执行,其供给费用,应从市地方税内开支。

三、并且将经验不断总结报来。

福建省人民政府主席张

1950 年 8 月

【由福州市民政局提供】

---

① 原文标题为《关于居委会工作人员聘任、待遇的通知》。

福州市市区居民委员会暂行组织条例

（省人民政府 1950 年 10 月 27 日府民行字第 02114 号批准）

第一条　为适应市民要求，协助政府举办市民福利事业，密切政府与市民间的联系起见，特在市民中建立居民委员会。

第二条　居民委员会（以下简称居委会）受市人民政府及区公所领导，协助政府办理下列各事：

甲、号召并组织市民积极参加各种生产建设；

乙、组织市民兴办改善卫生设施；

丙、举办合作社事业；

丁、办理社会救济及其他社会福利事业；

戊、向市民传达区公所指定事项；

己、向区公所反映市民意见与要求。

第三条　居委会委员名额，依各居民区实际情况决定之，由临时居民代表会议选出 15 名至 21 名。

第四条　居委会设主任 1 人领导工作，并设副主任 1 至 2 人协助之，均暂由区公所呈请市人民政府派任。

第五条　正副主任得以市人民政府命令随时调换之，委员任期一年，连选得连任。如有违法失职或因迁移等情况申请离职者，均得由区公所查明，决定撤销，另选或临时聘任之，并呈报市人民政府备案。

第六条　居委会下辖一般 1500 户至 2000 户，为领导与推动工作方便计得依街巷里自然地形划成 17 个至 25 个居民小组，每组以 50 户至 100 户组成之，设正副组长各 1 人，均由选民民主选举之。

第七条　居委会委员可分工指导各居民小组工作，并得按需要在居民中建立各种福利组织，亦由各委员分工指导之。

第八条　居委会每半月开会 1 次，必要时召开临时会议，均由主任或副主任主持，并得根据具体情况和需要提前或延期召集之，如因紧要事故，必须在市民中召开座谈会或全体市民会议时，应经区公所批准。

居民小组依居委会指定事项，每月得召开 1 次或 2 次会议，必要时得随时召开之。

第九条　居委会须于每月终向区公所汇报工作1次,(必要时得临时汇报反映市民意见与要求)但在必要时区公所得召开联席会议布置工作及听取汇报工作。

第十条　条例经由市人民政府公布施行。

第十一条　本条例如有未尽事宜,由市人民政府呈准省府随时修正之。

附注:福州市市郊各区乡人民政府组织通则另按上级政府规定施行。

福州市关于提高居委会主任待遇的请示①

　　近据各区回报,各居委会目前工作较为繁忙,关于主任待遇,请予增加,使其更能积极安心工作,目前居委会主任每月待遇仅大米 80 斤,为了进一步维持生活,顺利推行工作起见,拟将居委会主任改为全脱离生产供给制或包干制待遇,另 2 个副主任仍各发大米 80 斤(本市计 52 个居委会),可否之处,理合呈请查核示遵。

　　谨呈主席张。

福州市人民政府市长许

1950 年 11 月 24 日

---

　　①　原文标题为《关于提高居委会主任待遇的请示》。

上海市人民冬防服务队组织暂行条例

第一条　本条例根据上海军事管制委员会《关于本市人民冬防工作的决定》第五条规定制定。

第二条　上海市冬防服务队（以下简称冬防服务队）在市人民冬防委员会的组织领导下，进行如下工作：

（一）协助治安机关缉捕盗匪、绑架、勒赎、毒贩、窃贼及其他破坏分子。

（二）组织群众检查危险品，组织消防力量进行防火、防灾。

（三）进行日常街道里弄的清洁卫生工作及被灾①后的救护工作。

（四）组织群众，保护水电，防止破坏。

（五）在居民中间进行冬防的宣传教育、粉碎与追究反革命谣言，收集与反映有关情况。

第三条　冬防服务队的队员由人民自愿报名参加，凡是反对帝国主义、封建主义及官僚资本主义，积极愿为本地区（本街道、本里弄）人民服务者，申请报名，批准后均得参加。

第四条　冬防服务队的服务地区以所居住的街道里弄为原则；服务的时间一般以不妨碍劳动生产的时间为原则。

第五条　冬防服务队以街道、里弄、大楼，人数在 100 人以上的工厂、商号、学校、团体以及农业生产地区的行政村等为组织的基本单位，成立 1 个分队，人数较多的分队，可分如下五组：

（一）自卫组：办理协助治安机关、缉捕盗匪，检举匪特等自卫工作。

（二）安全组：办理组织群众，协助检查危险物品，防火防空工作。

（三）救护组：办理协助日常清洁卫生工作，及办理被灾后的救护工作。

（四）水电组：办理保护水电，防止破坏。

（五）宣传组：办理组织宣传工作。

凡人数少或无条件成立组织的分队可以按以上的工作内容，机动调整工作。

---

①　被灾：受灾，受到灾祸。——编者注

第六条　冬防服务队以每1公安派出所地区成立1大队,领导所辖地区的各分队进行工作,以1行政区成立1区队,领导其所辖地区各大队进行工作。区队及大队均依第五条所列分工分组进行工作。

凡重要工厂、企业、学校,经市或区冬防委员会决定,以分别成立直属大队或直属分队,由市或区直接领导。

第七条　区队以区长为区队长,以民政部长以及其他必要人员为副队长,并以区政府为办公机关,大队部由区队部、区政府派出人员及其他机关、人民团体负责人中提出人选,呈请批准组成。分队按单位编组,分队长由大队呈请指派或选举,后经区队部批准产生之。

第八条　为集中全市人民冬防服务队的领导,在市人民冬防委员会之下成立市人民冬防服务总队部。总队长、副总队长由冬防委员会决定派任,其办公机关设民政局。

第九条　各区队的番号以行政区名编列,大队番号以区为单位,以数字为编列;分队番号以大队为单位,以数字编列。(如上海市人民冬防服务队黄浦区队第一大队第一分队)

第十条　本办法自上海市军事管理委员会核准之日施行,必要时由军管会以命令修正或撤销之。

(此条令为草拟件,时间为1950年11月,1950年12月颁布。)

杭州市人民政府1950年度施政报告

（一）贯彻财经统一，巩固收支平衡，稳定物价

在中央人民政府及浙江省人民政府统一的措施下，我们坚决贯彻财经统一政策。在财政工作方面，我们通过整编组织，核算了现有额定人数；调整了薪给，减少开支18％；清理物资（价值人民币10余亿元），增裕了国库收入；厉行节约，惩治贪污，进一步严肃革命法纪，市人民政府并在扩大行政会议上，检查了过去在掌握执行财政制度、财政纪律不严方面所发生的浪费现象，作出保证。市的财政在量入为出，在先经常费后临时费的原则下，保证了必需的供给与维持市政建设的最低需要，严格了预决算制度，拟订了事业经费与市属公营企业的财务管理办法；彻底实行现金管理，所有会计单位，均与银行建立户头，以减少不必要的现金流转，达到现金管理之目的。到目前为止，基本上消灭了追加预算与开支上的先斩后奏现象，减少了开支。这对中央财经统一政策的贯彻，金融物价的稳定，起了一定的保证作用。

在税收工作方面，根据中央税法，依靠群众，掌握材料，超额完成城市税收2038亿余元（包括税收规费、罚金、没收变价、杂项收入等32亿余元），农业税720余万斤。贯彻了合理负担，并进行了调整税收，在照顾工商业维持与恢复的原则下，采取与工商界协商办税，掌握资料、依率计征的方法。在组织上，一方面由工商联收集评议资料，进行评议；另一方面由税务局建立评议指导委员会，有计划、有重点地掌握资料，合理计算，并加强对工商界在税收工作上的协商与领导，逐渐提高了工商业户对于营业额申报的逐步接近真实。如秋季自报营业额即比夏季自报营业额增加89.9％，既保证了财政收支，又照顾了生产，培养了税源。但某些工商业者在调整税收以后，产生了强调政府照顾，不依法报缴税款的错误观点，表现在"偷税、瞒税、拖税、欠税"的现象严重（税局没有抓紧检查督促，也使拖欠户愈来愈多）。据统计，1950年6月底拖欠户为14321户，到11月份已增为27600户（均包括非工商业户），新旧欠税达33亿余元。对此，我们采取加紧检查，发动检举的办法，以宣传教育与依法惩处相结合，由司法机关共处理欠税案计6件，对于个别顽固抗缴，屡次滥发空头支

票(对茶农收购茶叶),侵吞国家大量税款(8000万元)的分子,予以严厉惩办,判处死刑。由于市人民政府对这一问题的重视和努力,反欠税工作积极展开,基本上清理了欠税。此外我们又加强了调查缉私,实施统一发票与专责管理制度。

我们在税收工作上逐渐建立了正规的税收制度,在抗美援朝保家卫国运动开始以后,国防建设支出增大,杭市亦顺利地完成了增加税收84亿元的任务。

一年来随着全国财经统一,国家财政收支接近平衡,杭州的物价一般是稳定的,开始按照新民主主义的物价规律发展。社会主义性质的国营贸易已完全主动地争取了有计划调剂物资,掌握保护生产、消费、贩运三方面正当利益的物价政策;在地区之间的差价及批发与零售价的差距方面,亦均可主动掌握。在5月以后,经过国营企业机构的努力,农民购买力提高,工商业渐趋正常而逐步繁荣,物价逐步走上合理的平衡状态,改变了财经统一以前物价暴跌的现象。秋收以后,市场供求关系虽受农产品丰收和农民购买力提高的影响,较以往数月趋于频繁,交易数量逐月增加,但市场物价除少数商品发生波动外,绝大多数的商品价格均呈稳定状态。这可由逐月物价统计指数得到证明。根据杭市统计资料,食粮、副食品、花纱布、燃料、百货等5类包括25种主要商品的批发物价总指数,以1949年12月份为基期100,则1950年10月中旬为182.98,10月下旬为185.9,11月上旬为188.74,11月中旬为187.83,计10月下旬较中旬增加2.92%,11月上旬较10月下旬略增2.84%,11月中旬较上旬下降0.91%。说明了杭市物价在财经统一以后,基本上是稳定的。

但在此期间,少数商品亦曾发生较严重的波动,波动原因主要是少数不法商人施展扳抬、囤积、买空卖空、抢购等投机取巧故技所致。如7月份因受朝鲜战局影响,五金、颜料、西医曾直线上涨,此外,粮食、棉纱、煤油、柴炭、烟叶等亦曾一度波动,但在政府采取充分供应物资、加强市场管理与现金管理等措施下,坚决打击投机奸商,这些波动不久即告平息。为了保持物价的长期稳定,我们必须继续提高警惕,反对投机奸商,及时制止其波动,全市市民(特别是职工和工商界)应从各方面来进行检举,以继续争取物价稳定,保证人民经济生活的安定,并为维持恢复生产创造条件。

(二)调整工商业改造生产

在调控工商业方面,我们主要进行了以下几件工作:

（1）在调整公私关系方面：财经统一以后，我们扩大了加工订货及收购的范围和数量。如在 1950 年 5 月至 12 月的 8 个月中，棉纱加工达 6107 件，占同时期 8 个月总生产量的 91％；棉布加工达 192654 匹，占同时期 8 个月总生产量的 35.3％；缫丝加工达 2896 关担，占同时期总生产量的 94.3％；织绸加工达 953820 码，占同时期总生产量的 13.7％。帮助厂商解决了原料和销路的困难；在工缴上，根据"国家亏本时，私厂保本；国家保本时，私厂略有盈利"的原则，逐步有了提高，如代纺工缴由每件标准纱 210 个上海单位提高到 215 个，10 月价再度提高为 231 个；在发料、检验等手续上，亦逐步有了改进。在商业方面，适当地划分了公私经营范围，调整了产销地区和零售批发的差价，如批零差价在 1950 年 6 月份以前差额很小，私商利润较少，调整后，米从 3.6％提高到 8％，龙头细布从 4％提高到 10％～12％，纱从零调整到 3％，后又提高到 4％。在贷款扶助方面，1950 年全年累计贷放总数 23590509 万元，其中对公营企业贷放者为 18547531 万元，对私营企业贷放者为 5042978 万元，一方面支持了国营贸易的收购定货加工，另一方面协助了私营缫丝、丝织、棉织等工业生产及土特产运销。为了疏导游资走向有利生产的途径，领导全市私营、合营行庄，改变了经营方针，组织公私营金融业联合放款处，至 1950 年年底，各种联放贷款总数达 1022591 万元，主要用于扶助丝绸、洗麻加工，与秋茧、油脂、络麻的收购上。此外，并逐步下降利率，从年初日拆 16 元降至 5 月底月息三分九厘，降低达 12 倍以上，为便利物资交流，扩展押汇与扩大通汇点，从 1949 年底的 241 处增至 1950 年年底的 1280 处，大致上全国范围内均可无限额通汇，汇率上亦作适当降低。经过这些努力，从 10 月份召开的第五次各界人民代表会议以后，公私关系便基本上趋向正常。

（2）在劳资关系方面，1950 年一年来的变化，是从上半年的尖锐、紧张，逐步过渡到下半年的缓和、正常。全年受理劳资案件总数为 1217 件，其中 1 月至 5 月的 5 个月中，受理的劳资争议达 781 件。占全年受理总数的 64.2％；争议性质以停工解雇纠纷为最多，占 781 件的 55.95％，计 437 件；欠薪纠纷也不少，5 个月共计 51 件；6 月份以后，劳资案件即逐渐减少（12 月份只发生 18 件，较 5 月份减少达 91.09％），6 月至 12 月受理案件共计 436 件，纠纷性质已发生变化，停工、解雇、欠薪者大量减少，复工、管理、调整待遇者相对增多。我们对劳资案件的处理是从"生产""两利"出发，依靠工会，通过同业公会，了解情况，解释政策，引导劳资双方平等协商，合法合理地调处争议，并普遍号召建立劳资协商会议（据不完全统计，全市 50 人以上的工厂企业已建立劳资协商会议共 54 个),使劳资双方可以遵循正当合法途径解决问题,减少了资方欺骗、少数工人要求过高的偏向。在 1950 年度调处劳资案件中,由劳资双方自行协议者占 55％强,且由于工人通过劳资协商会议,了解了企业困难实情,主动让步、厉行节约、降低成本、积极生产、提高产量、品质,亦鼓舞了资方的经营信心,开始改善了生产管理,并随着生产情况的好转,有秩序地渡过了三四五月间紧张的劳资关系。秋后,根据生产恢复的需要,处理了复工问题,并合理恢复和调整了工资(主要是调整财政粮价),并进一步健全了劳资协商会议,为了有秩序地进行这些工作,我们制定《关于公私营企业雇用临时工暂行办法》《劳动力统一介绍办法》及《劳资协商会议的补充规定》等办法。

在劳资关系上,生产困难时资方要求开劳资协商会议,要劳方让步。生产好转后,部分资方即不愿开劳资协商会议,或者只要工人生产竞赛,不肯实行合理的现金奖励制度。

一年来,在旧经济改组过程中,失业工人总数达 19878 人。我们在救济失业工人方面,共介绍了 4890 人就业、转业、复业(包括临时工),动员还乡生产 5883 人,生产自救 1940 人,另有 5796 人自行转业或复业,现有失业工人仅 3718 人,均进行了救济或以工代赈,稳定了失业工人和在业工人的情绪,实现保护劳动,减少改造生产过程中的困难,替生产的恢复和发展创造了有利条件。

(3)在调整产销关系方面,我们在克服产销的无政府状态上作了一定的努力,大力进行了粮、棉、麻的收购工作。例如郊区共收购米 9207959 斤,棉花 37681 担,络麻 90166 担,茧 69184 担。对全市的工商业管理,根据全国工商局长会议及专业会议精神,在以销定产的原则下,特别着重于开展城乡贸易,打开销路。于 1950 年 9 月间召开市土特产商会议,动员与组织私商下乡收购土特产,鼓励组织联营。一年来,通过联营集中的土特产为柏籽 7 万担,秋茧 38819 担,皮棉 17322 担,食糖 240 包,毛猪白肉 14012 只,总共下乡资金为 645 亿元,大大地推动了城乡物资交流。但我们在因地制宜、因事制宜上尚做得不够,对农民的需要没有做到完全的适应,如布、绸的成品不符合城乡要求,对新工业需要的原料供应,1950 年在麻茧的收购上,亦未能很好解决。

在调整公私、劳资、产销关系的同时,进行了改造生产工作。我们在 1949 年已明确指出生产的恢复过程就是生产的改造过程,1950 年初在第三次各界代表会议关于 1950 年工作任务中,我们提出了在资方自愿的原则下,采取有计划、有步骤地整顿改造某些工商业;5 月,第四次各界代表会议中我们又指

出了杭市工商业之所以造成严重困难的原因之一,是由于旧经济的经营方针
与经营方法未加改造,当时即作出了"克服困难的原因之一,维持改造生产"的
决议,并成立生产改进委员会,积极号召私营工商业进行改造。一年来,已有
不少工厂商店开始改变经营方针和经营方法,并逐步改进生产技术。出于工
人阶级觉悟的迅速提高,高度发扬自我牺牲的精神,树立新的劳动态度,主动
团结资方,面向生产,启发推动资方的经营积极性,不少资方提出改造方案,并
通过劳资协商获得了工人的支持。开始对本身进行了改造整顿,合理组织劳
动,少数资方并增添资金,改进机器设备。如丝织业各大厂,精简了臃肿的机
构,一般都由过去平均每台机职工 2.7 人降低至 2.4 人,天成、大盛金记等厂,
将部分职员转入生产,扩增机台,提高生产率,节省支出,维持了生产。缫丝业
在生产技术上有很大提高,1949 年生丝品位平均在 D 级以下,有 40% 生丝不
合出口标准,1950 年 7—11 月份产丝 2200 关担,A 级以上的 12%,B、C 级
75%,D、E 级 13%,可出口的生丝在 80% 左右。在机械上,也有了不少的改
进,开源、庆成、三益、天章等丝厂,新装立缫车或改装座缫车为立缫车共计
146 台。第一纱厂由于技术与机械的改进,纱、布的质和量都有了提高,为纱
的锭(每 20 小时)由 1 月份的 0.497 磅提高到了 12 月份的 0.754 磅;商业中如
经营高贵绸缎的绸布业,改变了经营方针,大都改为售卖大路货的棉布,以适
应广大人民需要。高级消费品、迷信品及投机性工商业已逐渐转业。计工业
有丝织业 53 家,锡箔业 2 家,共 55 家,经批准转业,占全年工业转业批准总数
80.88%,商业有棉纱、粮食、丝绸、酒、卷烟、茶食、糖果、水果、炒货、菜馆及土
烛等业共 47 家经批准转业,占全年商业转业批准总数 41.59%。在联营方面,
已组织联营机构 32 个,包括 22 种行业,参加厂店单位达 870 家,联营后,由于
资金集中,信用提高,易于取得公私银行贷款,及加工订货的扶助,解决了在资
金周转上的困难;并减少了互相倾轧、盲目竞争的现象。联营单位分工合作,
扩展了经营范围,如粮食联营公司组成后,有能力远向长沙、南昌、鹰潭等地采
购食米,供销本市。丝织产销联营公司成立前,联营上有南北之分,现在销路
可达京、津、汉、济南、西安、重庆、广州等地;部分中小型工厂企业联营后,精简
了机构,节省了开支,降低了成本。但是部分工商业者,存在着不少认识上和
思想上的偏差,不肯痛下决心,自我改造,严重地妨碍了生产的维持与恢复。
一年来的事实证明,凡是痛下决心,致力于本身整顿改造的工商业,都循着新
民主主义的经济轨道,从改造中求得了维持与恢复发展;而消极观望、企图侥
幸、不肯老老实实转变经营方针和经营方法的工商业者,则还没有从困难中拔

身出来,这一深刻的经验教训,是我们今后必须牢牢记取的。

在抗美援朝运动掀起以后,各公私营工厂企业,广泛展开了爱国主义生产竞赛。据不完全统计,参加的职工达 2 万人左右,其中闸口发电厂、交通公司、开源丝厂、第一纱厂、杭江纱厂、新华印刷厂等单位已获得较大的成绩,提高了劳动生产率,在产量、质量上均打破了历来的生产纪录。如闸口发电厂,目前已由短期的竞赛逐步转为长期性的生产竞赛,该厂去年一年来,在工会积极领导和全体职工的共同努力下,竞赛中不仅创造了煤耗的新纪录,而且一年来,不曾发生停电事故,保证了杭市供电安全,减低了发电的成本。杭江、第一、长安 3 个纱厂,自去年 10 月下旬起接受了突击增产的任务,广大职工发挥高度爱国热忱,克服机械设备及生产过程中的种种困难,超额完成任务,这对于保证市场供应、稳定物价、巩固经济战线上的胜利有着重大意义。目前,杭江、第一 2 个纱厂并在此基础上开展了经常性的生产竞赛,产量、质量均有显著提高,第一纱厂 20 支纱单位产量,1950 年 1 月份为 0.56 磅,12 月份细纱间第一期生产竞赛展开后,提高至 0.73 磅,增加 56%。在缫丝厂中,开展竞赛较有成绩的是开源缫丝厂,该厂自去年 9 月开展竞赛以来,迄今已进入第五期,生丝品位不断提高;竞赛前,生丝品位经常在 D 级以下;竞赛后,改进了工作方法,12 月即提高到 D、C 级各半,超过中蚕公司规定标准。由于广大职工阶级觉悟提高,激发了高度的爱国热忱,各厂不断创造了生产新纪录。新华印刷厂排字职工倪锡璋,曾在完全没有错落[①]的情况下,光荣地达到每小时拣字 1825 枚的新纪录,超过 1950 年 9 月全国新闻出版工作会议所统计每小时拣 1800 字的全国主要城市最高纪录;交通公司一分厂 1951 年 1 月份生产竞赛,完成了 64 部大修引擎,并保证了质量良好,创造了该厂的新纪录。此外,在竞赛中密切了工人与职员的团结,资方亦开始转变了以往单纯依靠强制管理搞生产的观点,改善了劳资关系。这一运动的意义是极大的,今后尚须继续逐步扩大、提高、巩固,开展成为普遍而经常的生产竞赛运动,以有力地推进生产。

一年来,杭市的合作社工作有很大的发展。据不完全统计,截至 1950 年年底,全市已建立总社 1 个,基层社 55 个,发展社员 117647 人,占全市人口的 22.3%,总资金为 1831500 万元。其中社员股金占 46.8%(与 1949 年年底比较,基层社增加 27.9%,社员增加了 93.6%,股金增加 188%)。在价格掌握

---

① 　错落:指文字错误、脱落。——编者注

上,一般较低于市价,一年来估计减除中间剥削46亿余元。在业务上,代购业务为自购业务的253%,代销为自销的489%,协助国营经济密切了与个体经济的联系,在财经统一以前,配合国营经济配售食米,稳定物价,亦起了一定作用。但在"货好、便宜、便利"三方而尚未能完全满足社员的要求,今后尚须进一步贯彻"集中全力满足社员需要"与"上级社为下级社服务、基层社为社员服务"的方针,整理基层社,适当地发展工厂、学校、机关等有组织群众的消费合作社,结合土地改革,发展郊区的供销合作社,以解决农产物的出路与农品的消费问题。并要提高股金额与资金额,扩大供销业务,以适应今年合作社在城乡贸易中的要求。

由于进行了上述许多的工作,杭市工商业从1950年6月份开始,即停止了严重的关厂歇业现象,逐步好转。至1950年年底统计,纺纱、织布、丝织、缫丝等18个工业的开工家数为2043户,与1949年2—3月间比较(1988家)增加了2%左右。粮食、百货、南北货等48个商业中开工家数为5339户,与解放前6个月平均数(1948年11—12月至1949年1—4月)5303户略有增加,从营业额看,如以1950年1月份指数为100,则12月份指数为134.03。基本上达到了维持与恢复生产。

(三)社会救济与优抚工作

一年来,我们处在财经困难,灾荒失业现象严重的情况下,基本上贯彻了"生产自救,社会互济,政府辅助"的社会救济方针,进行了以人民自救、助人为基础的人民大众的救济福利事业。

杭市旧有福利救济机构,多属私立,且与宗教社团关系密切,系统复杂,除个别热心人士孤军奋斗外,多数依赖于帝国主义津贴或封建剥削的收入来维持事业。为了发挥他们在新中国福利救济事业中应有的作用,真正为人民服务,我们在1949年10月组织了杭州市人民救济事业委员会,又在1950年正式成立中国人民救济总会杭州市分会,以协助政府统一领导杭市的社会救济工作,并在此基础上,开展了福利救济人士、宗教界的政治学习和反帝爱国运动。

我们接管公立救济机构后,进行了整理改造,成立保育院、安老院、劳动院、福利社。现除福利社已完全企业化外,一年来,三院共收容与处理了孤老残疾、贫儿乞丐等825人,其中已遣散回乡者440人。在改造过程中,以组织生产为中心,结合政治教育和文化学习,实施民主管理,启发与提高了救济对象的政治觉悟,培养劳动习惯与文化技术知识,在自力更生的原则下进行生产,已达到大部分或部分的自给。经疏遣回乡者亦做到了基本上没有发生流离失所的现象。

为了实现生产自救,开展生产救济事业,通过救济分会筹集了资金 46 万个折实单位,成立人民福利社,开办棉织、浆纱、制茶厂与贸易公司等事业,变消极救济为积极生产。如在 1950 年春季,茶厂吸收失业工人 600 余人,解决了失业工人及其家属 2000 余人的生活困难;此外直接提成拨助救济费用者亦达 2 亿元之巨,起了生产救济事业的示范作用。

春荒时期,本市灾荒严重,受灾的计 6400 余户,29000 余人(失业工人不计在内),我们通过以工代赈、社会互济、遣送回乡、临时救济,并动员群众采取多种多样的生产方式进行自救而战胜了灾荒,夏荒亦随之渡过。在此期间,政府补助各项救济粮款大米 197726 斤,人民币 14587930 元,社会互济捐款大米 1 万余斤,人民币 60 亿余元,及其他物品,其中半数援助了皖灾劝募团。最近冬令救济中,由于各界人民发挥了高度的友爱互助精神,提前超额完成劝募寒衣任务,募起寒衣 128200 余套。除上缴外,救济分会以失业工人、灾、难民和贫苦劳动人民为主要对象,发放寒衣 1 万套,政府并拨发大米 7 万斤,开展以工代赈工作。

一年来经本市直接资遣或介绍省府处理的外地灾、难民共计 6328 人。此外,亦进行了诊疗、施救、收容弃婴等工作。

在优抚工作上,我们根据"先烈属、荣军、军属,后工属;先主力,后地方;先老后新,先贫后富"的优待原则。本市烈军工属及荣复军人共计 2609 人,大部分缺乏劳动力、生产资料及一定技术,生活贫困。经一年来的努力,总计安置就业者 279 人(经各区公所及烈军工属生产福利机构介绍就业者不计在内),发放寒衣 1000 套,路费人民币 1311880 元,大米 85175 斤,救济春夏荒、补助生产资金及照章发放荣复军人的抚恤金,救济机关供给制干部家属大米 58100 斤,人民币 27452475 元。春节(1949 年)发动群众捐献大米 200 石,人民币 6000 万元。在组织生产自救方面,开办了烈军工属福利商店 3 处,加工厂、麻袋厂、农场各 1 处,直接解决了部分烈军工属的生活问题,部分生产机构还获得盈利,如下城区军属福利社一年中盈利达 130 石大米。

此外,教育群众尊敬与爱护荣属荣复军人,从政治上精神上展开拥优工作。春节时机关、团体、工厂、学校及市民都自动向驻军及荣属荣复军人进行慰问、献礼;各界人民代表会议邀请烈军工属代表参加,提高了烈军工属的政治地位。并在自觉基础上,组织了荣属委员会及荣属小组,开展了时事政治教育、生产教育、提高了荣属的政治觉悟,普遍向军部写信,鼓励自己的子女英勇作战。这些在巩固部队、增强国防力量上起了很大作用。

一年来的工作中,我们坚决反对了不结合生产,不进行教育,等待上级发粮的单纯救济恩赐观点与依赖思想,反对了不分对象,不分主次与轻重缓急,片面同情的平均主义观点。团结与发挥了各阶层人民的巨大力量,开展了群众性的社会救济运动,使新中国的社会救济政策与群众力量逐步结合起来,得到广大人民的支持,基本上实现了"不饿死人"的要求。

(四)文化教育

干部教育方面:由于本府人员组成成分的不同,思想情况亦容易混乱。一年来,我们根据培养与使用相结合的原则,建立了学习组织,在市学委会领导下,全市在职干部坚持了每天 2 小时的学习制度。一年来,通过评薪、整编、整风及抗美援朝等几个大的政治学习运动,在新老干部的思想认识上,工作作风上,都有显著的转变和提高。一般讲来,通过评薪、整编,提高了大家对国家财经困难情况的认识,树立节约观点,部分干部批判了自己的雇佣观点。在自觉原则下,98 名薪给制干部要求改为供给制,初步澄清了一般存在机关职员中的"干一天算一天"的思想,提高了自觉性,并初步建立了正规化的机关工作制度。在整风学习中,自上而下总结检查了工作,纠正了某些不正确的观点,各单位都制订了改进工作的计划,改进了工作,并批判了过去执行政策中的某些脱离群众、脱离实际、强迫命令,以及文牍主义、事务主义等不良作风。根据分清是非,赏罚严明的原则,对较严重的无组织、无纪律、违反政策等错误的干部,以及个别贪污腐化的公安、税务部门的干部,分别予以教育或处分;优秀的原则上给予奖励或表扬。基本上纠正了一般南下干部中的功臣自居与骄傲自满情绪,及青年学生中的好高骛远、不切实际的工作态度,对机关职员的自觉程度亦有进一步的提高。同时对领导干部中的缺乏深入调查研究、事务忙乱、官僚主义作风,亦作了深刻的检讨,加强了集体领导,改善了领导方法。10 月中,在全国掀起抗美援朝运动的情况下,进行了时事学习,批判了对国际形势漠不关心、消极怀疑、顾虑个人得失或盲目乐观的态度,初步肃清了亲美、恐美、崇美的错误思想,建立新的爱国主义精神,并联系端正了干部的立场,进一步激发了爱国主义与国际主义热情,提高了政治觉悟。学习后,一般干部普遍表示了抗美援朝的决心,制订爱国公约,坚决服从组织调派,将抗美援朝的热情具体贯彻到工作中去。如民政局地政科等单位干部,主动增加办公时间,使调整地价工作提早1月完成,保证了及时开征地价税的任务;税务局干部,由于积极性的提高,检查出了70余户偷税商号,保证了国家税收收入。在机关内更普遍展开慰问志愿军和捐献运动。一年来,基本上端正了干部思想,改进与推动了工作。但由于学习领导上不够深入,未能及时解决下面的具体问题,以致在学习中产生某些自流现象;部分干部对学习仍不够重视,接触思想不够,降低了学习效果,这是今后必须努力改进的。

初教方面:杭市现有公立小学71所,学生18388人,较1949年增加学校4所,学生1664人;私立小学100所,学生20723人,虽由于停办合并较1949年减少了24所学校,学生却增加了1800人;另由杭县划入民办小学3所,学生155人;全市共有学校174所,学生39266人,失学的学龄儿童尚有26000余人。

杭市小学教育,自解放以来,我们采取维持原状,逐步进行改造的方针。据1949年第二学期统计,工农子弟已占学生总数的30%,劳动人民子弟入学受到了重视。由于群众对文化教育的要求日趋迫切,入学儿童正在逐步增加,但就政府目前财经条件来看,大量增加公立小学,尚不可能(一年来仅个别的添设了学校及在失学比较严重的里西湖与彭埠两学区,重点增加了班级,并将免费学生名额提高到52.6%)。私小方面,一般由于校董会的组织不够健全,未能负起实际责任,学杂费收入亦相对减少,一般的只能维持全学期的3/4,按此情况,我们对1950年度第一学期的初教工作,提出"巩固、提高公立小学,维持、整顿私立小学,重点发展民办小学"的方针。一年来,在提高公小方面改善了行政领导,初步建立起工作制度。在1950年度第一学期开始时,一般都订了校务计划与教学进度表,以便有计划、有步骤地进行教育。在提高教学业务上,选择较有条件的8所公立小学,分别以"正规合理化教育制度""各科教学方法""教导合一与民主管理""小先生传习站"及"辅导制度"等五方面进行重点试验,俟取得经验后再行推广。并组织全市优秀教师,进行小学课程标准初稿的研究。全体在职教师,进行业务学习与互相观摩,逐步提高了业务。在维持与改造私立小学方面,我们本着公私兼顾的原则,通过全市私立小学的总登记,进一步了解了各校及其校董会情况。发动热心教育人士组织校董会,及整顿不负实际责任的校董会,期使校董会对学校能负起责任,尤其是解决经费问题。同时更以生产节约,建立预决算制度,组织家长会,由群众乐意捐献等方法辅助解决了经费的困难。在整顿过程中适当调整了人事,对私小教师,进行了克服困难自力更生的教育。全市私小进行了评绩,对办学成绩优良,而本身经济困难者,政府酌予拨款奖励,共补助了 56 所学校,拨发了 16777 个单位,通过评绩总结了工作,交流了办学经验,启发了教师的积极情绪,树立了办学信心。小学民办是今后一定时期内发展的方向,是普及教育的重要途径,因此,我们除继续巩固本学期自杭县划入的 3 所民办小学外,并择定学校经费最困难,群众条件较成熟之东南、童乘两私小作为城市中民办小学的典型试验。此外,又以地跨城郊的里西湖区重点开展普及教育,组成普教工作指导委员会,以指导推动工作。经深入群众访问动员并采用晨班、早班、晚班、夜班等多种班级组织方式进行工作,受到了当地广大群众的重视与积极拥护,自动让房、捐款,解决普教场所与经费等问题。目前在该地区已完成了 88% 普教任务,其中个别的已达到 100%,大大启发了群众的文化要求,群众反映每天 2 小时学习时间太短,要求转入正规学校,为今后开展普教工作,发展民办,创造了条件。

提高教师的政治思想水平,是保证贯彻上述方针的关键。因此我们采取组织在职教师学习、调训和利用假期组织集体学习等办法,以开展思想教育,加强与巩固了团结。在抗美援朝运动中,小学教师大部表示愿以实际行动响应祖国号召,开展了一人一物捐献慰劳援朝中国志愿军运动,并普遍订立爱国公约,保证办好学校教好学生。在此基础上广泛开展了学生的爱国主义教育,大大启发了儿童的爱国思想,纷纷利用街头宣传、文艺晚会等方式,在全市动员争取了 153500 人在和平宣言上签名。在一人一物的捐献运动中,仅废铁一项,小学生捐献即达 12276 斤,大大加强了儿童争取世界和平的观念,树立了结合国际主义的爱国主义思想。

此外,为帮助失业教师解决就业问题,并结合团结争取、教育改造知识分子的原则,在 1950 年度第一学期中,先后由市文教局及教育工会举办失业教师登记,登记之失业小学教师计 440 余人(其中大部分是解放前即失业或曾经一度任教,而早经转业他就,离开其过去任教时期有达十余年者;亦有部分原在其他地区任教,但认为杭州待遇较高,环境又好,而特辞职前来杭市办理登记的,真正在解放前后失业的教师为数不多),经审查后,分别予以处理。并于 1950 年 2 月间,开办失业教师训练班,吸收了 150 余名失业教师参加,施以政治和思想教育与业务学习(其中 46 名仅学习一周即分配至本市郊区任冬学教师,其余均学习 70 余天)。进行登记之失业教师,除部分不愿到农村任教及少数因体弱或水平过低无法任教或已找到工作而自动撤销登记者外,经由本市文教局派充及转请省文教厅介绍在本市和杭县、余杭、临安等地担任小教或民校教员的共 240 余人;保送参加土改及杭师小教研究班学习的共 70 人。至此,杭市失业小学教师的就业问题,基本上获得了解决。①

工农业余教育方面:本市工农业余文化教育,在政府领导,依靠群众组织,并与各方面密切配合下,逐渐由自发的、分散的发展而转向有组织、有领导、有计划的学习运动。解放以来,由于工农群众对文化教育的要求日趋提高,而领导上缺乏重点掌握与检查,至 1950 年上半年,工农业余教育虽得到了大量发展,但在办理方式和要求上不够一致,学习内容和时间亦较紊乱,流生②现象相当严重,教育效果不大。根据上述情况与现有条件,按照政务院关于职工业余教育指示精神,确定了 1950 年上半年度以"整理、提高、巩固现有的识字校班,并逐步走向正规的业余补习学校为中心任务"。在整理巩固与发展中,尤以职工教育为主,掌握重点领导,创造经验,为今后的扫盲运动准备条件。自 1950 年 8 月至 1951 年 1 月止,全市工农成人业余学校,由上半年的 404 班,15003 人(连儿童班在内),发展为 444 班,16177 人。其中职工教育 166 班,5777 人,较上半年增加 68 班,1937 人;农民教育 144 班,5961 人(包括常年民校 50 班,1657 人。冬学 94 班,4304 人),较上半年增加 46 班,3132 人;一般市民教育除初教办理部分以外,有 101 班,3222 人;机关干部业余教育则由上半年来 1 校 4 班,179 人发展到 4 校 33 班,1217 人。以上各校班除冬学、机关学校及部分由工会工厂等团体自办者外,余均由全市各公私小学及部分中学兼办,师资方面专任的为数极少,大都由在职教师兼任或大中学生担任。统一了教育的内容与进度,在各小学辅导区设立专任的社教辅导员,定期举行教学研究会,交流经验,改进业务,从而提高了教师的责任心。在教学上采取学习、文娱和政治教育相结合的方法,配合当前中心任务,利用文娱活动进行政治教育。通过学习进一步提升工农的文化要求,在冬学运动中,农民自动要求创设民办小学的即有 21 处,学员们在文化、政治认识及时事的了解上都有了普遍的进步,对郊区进行土改、推动生产、提高工作方面均起了一定的作用。

我们贯彻执行了巩固提高,稳步前进的方针,在统一的组织与领导下,依靠广大群众的支持,特别是全体教师们的努力,基本上克服了混乱现象,达到了在原有基础上巩固、提高并进一步发展的目的,而逐渐走向正规业余学校的途径。工作中的主要缺点在于:开始时发展与巩固没有很好结合,对象任务不

---

① 原文按:失业中学教师,由文教厅处理,未计在内。
② 流生:中途辍学的中小学生。——编者注

明确,形成大量发展,办了又垮的现象,影响了办学与学习情绪,加之主动与各方面商讨联系不够(尤其工会及大中学校),使工作开展遭受某些不应有的阻碍与损失;在学习内容上,未能把文化学习与政治内容适当地结合,而某些地方,强调学文化忽略了提高政治,或强调加强政治而放松了文化学习;此外亦有很少数的教育工作者,仍把办工农大众的业余教育看成额外负担,或抱着恩赐观点对待群众,这些都影响了工农业余教育的发展与提高,有待我们今后共同注意纠正,以便在巩固与坚持原有基础上进一步求得普遍发展,实现1951年重点发展职工教育的任务。

(五)卫生工作

一年来,我们在卫生工作方面,坚决贯彻了"预防为主,面向工农兵,团结中西医"的方针,团结了广大医务工作者的力量,克服了经费与人员不足等困难,初步打下了卫生事业的基础。

在环境卫生方面:我们鉴于办好环境卫生是预防疫病保障市民健康的关键,在1950年春季举行了一次清洁大扫除运动。通过居民组织向居民进行了广泛的宣传教育,提高了群众对清洁卫生的认识,动员了14万余名群众参加,历时14天。这次运动的成绩是很大的,共扫除垃圾6000余吨,更动员群众自行添置公共垃圾箱640余只,修理公厕及小便池280余个,疏通阴沟100余条,长达12900余公尺。并在运动基础上组成各街巷居民卫生小组1700余个,制订街巷卫生公约,建立清洁检查制度,以培养居民公共卫生习惯,保证城市环境的清洁。另外又整理了清卫大队,组织肥料公司,统一粪便的管理,并通过商店卫生小组,管理有关卫生的商店。

防疫保健方面:在团结、争取、教育、改造开业医事人员的原则下,组织了全市开业医师的力量,并举办了中医师进修班第一期训练中医师100名,以期求得经验,逐步扩大,达到"中医科学化"及中西医团结之目的。普遍建立。"防疫责任医师制",按派出所辖区,割分责任医师,在全市设立免费预防接种站167个,并重点创设人民"妇婴保健网",初步打下了防疫、保健组织基础。一年来,在预防接种方面,我们依靠"防疫责任医师制"获得了巨大的成效,杭市1950年接种牛痘达117700余人,约占总人口22%;霍乱预防注射达320415人,占总人口60.9%(超过了预期50%的要求)。

妇幼保健方面:工人居住集中在下城区,按居民区划分地段,组织开业助产医事人员,建立了17个"妇婴保健站",并在该区卫生事务所成立妇婴保健室为工作上的领导核心;郊区亦选择了农民集中的乡镇,以郊区卫生事务所为中心,设置了 11 个"农村妇婴卫生站",重点组成了妇婴保健网,为杭市实验妇婴保健工作的示范。通过这个组织,并与派出所、居民委员会、家庭妇联及农会、妇女会密切配合,对群众广泛进行了"新法接生"的宣传与妇婴保健常识的教育,同时亦教育改造并控制了旧接生婆。事实证明,妇婴保健网的建立,是必要的,下城区的妇婴保健网自 1950 年 10 月试办,至 12 月底,3 个月中即有 1000 多个孕妇受到产前的访问和检查,803 个产妇婴儿得到了安全的助产,并获得了规定的产后访问和护理。该区人口共 12 万,以 30%的出生率计算,已控制了每月出生人数的 90%,在郊区,亦控制了整个郊区人口平均出生率的 1/2,显著减少了"破伤风"(脐风)"产褥热"的发生,降低了婴儿产妇的死亡率。

此外并初步开展了工厂、学校卫生,在规模较大的 7 所工厂及 15 所中心小学实施重点试办;农村卫生方面,在农村人口较集中地区设置巡回卫生站 22 处,为农民实施疾病诊疗,预防接种,传染病消毒等工作,初步满足了农民对于医药卫生的要求。

在执行以上几项工作中,我们深切感到,人民卫生事业,必须坚决依靠群众,这从一年来的开展清洁大扫除运动、举办预防接种和推动妇婴卫生等工作,可以得到证明。但一年来,在执行工作中尚不够深入,有偏重单纯追求任务的倾向,例如在医药管理上,仅消极地完成开业医事职业人员的登记,对掌握思想情况和进行团结改造就做得不够;在开展公共卫生运动中,动员居民制订了卫生公约,但事后缺乏深入督促检查,影响到公约的贯彻,这些须在今后加以改进。

(六)民主建政

自首次各界人民代表会议召开一年多来,杭州各界人民在人民政府领导之下,在各方面均获得很大的成就。我们在首次各界人民代表会议上,就提出了克服困难建设新杭州的六大任务,团结全市各界人民为完成六大任务而斗争。在以后历次各界人民代表会议中,随着情况的发展,逐步地贯彻了这一总的任务,使每次会议能完全符合于各界人民的切身愿望,解决了全市人民当前的重大问题。如第二次会议上通过了《关于劳资关系暂行处理办法》和《处理劳动争议暂行办法》,解决了全市劳资关系的调整问题;第三次会议上讨论了推行胜利折实公债问题,对迅速完成认购及超额竞购公债工作起了决定性的推动作用;第四次会议上提出了克服困难维持改造生产的方针,有效地澄清了各种对改造生产的混乱思想,增强了克服困难的信心,明确了杭州生产问题的关键所在;第五次会议上则提出了深入贯彻第四次会议的决议,继续争取杭市经济情况进一步好转。其他,一年多来如调整公私关系、加工订货、救济失业、整顿税收、稳定物价、安定人民生活、巩固社会革命秩序、恢复与发展文化教育、市政建设等各方面的工作,都因为通过各界人民代表会议动员了广大人民群众的力量,能够比较顺利地进行并获得较大成绩。过去的历次会议中,每次会议一般均能发挥民主,开展批评与自我批评,各阶层人民对政府工作都能提出自己的意见。会议的代表性一次比一次广泛,代表名额从第一次会议的291名增加到第五次会议的367名;亦一次比一次开得好,参加会议的代表对当前的形势任务及政府的政策方针,在思想上均能得到进一步的认识,并通过代表传达到广大群众中去,使政府的政策能与群众见面,在实际工作中得到广大群众的支持,基本上达到传达政策、联系群众的目的。

一年多来的经验证明,各界人民代表会议是政府联系广大群众最好的组织形式,是动员广大群众协助政府完成各项工作的有效办法,使广大人民认识了革命政权是和国民党反动派反革命政权根本不同的。但在历次会议中还存在着某些缺点:首先,由于没有进行广泛深入的民主教育,在广大群众及其代表中,未能树立完整的人民民主建设的思想,没有充分启发其主人翁的自觉性,因而未能充分发挥其应有的积极性,影响了更充分地发挥这一组织的作用。其次,过去在会前没有广泛深入地从各方面集中群众意见,以充实会议的内容,以及围绕会议中心适当地多照顾各个阶层必须解决的切身问题。会后虽然亦号召传达和贯彻决议,但缺乏具体的组织与推动,总之在会前会后通过群众路线、贯彻组织领导是很不够的;同时,在选举代表上,亦还未能把各界中最有代表性而又真正热心为人民服务的人物毫无遗留地选出来。

一年来,在政权机构的建设方面,在市府领导下,已建立人事、秘书两处,人民法院与民政、公安、工商、劳动、财政、税务、文教、建设、卫生九局,以及一个财政经济委员会;通过整编,初步确定了编制,建立了各项工作制度,提高了工作效率。郊区通过反霸、减租等斗争,建立农村民主政权,建立了西湖、江干、艮山、笕桥、拱墅五个区公所,29个乡公所,163个行政村,832个行政小组。市区为了适应城市集中的特点,实现以市府及所属各局为工作的基本单位,于1949年9月取消上、中、下城3个区政府,成立该三区区公所,作为市府派出机构;又于同年11月结合冬防工作,发动群众,废除了反动的伪保甲制度,建立起群众性民主协商办事的组织——居民委员会,属各公安派出所领导,作为政府贯彻政策执行法令的有力助手。现在全市已建立居委会507个,居民小组3283个。由于市府所属各部门机构已较健全,公安机构加强,派出所普遍设立,居民委员会已普遍建立,进一步密切了政府与人民的联系,发挥了市人民政府的集中领导,加强了治安工件。

(七)镇压反革命活动,巩固社会治安

杭州市经蒋匪20余年的反动统治,有较大的社会基础,蒋匪溃退时,已有计划地布置地下潜伏组织。解放后,我们在各方面配合之下,大力肃清匪特;办理了伪方人员与反动党、团、特务人员登记处理工作。为了进一步管制坏人,建立革命秩序,采取了户口行政与调查管制密切结合的办法,一方面建立了户口申报制度,另一方面在1950年年初,结合冬防工作,进行全市户籍的校对整理,以后并进行经常性的复查校正与重点抽查,检查结果,全市普通户共120799户,人口为520730人,公共户59471人,水上户8770人,流动户7363人,共计为596334人,初步分清了好坏人。

在治安行政上,一年来共发生刑事案件3980件,破获2622件,破获率占65.88%。我们对于城市交通建设工作是重视的,拟订了适合杭市地方性的各种章则,采取分段分工负责制度,加强对交警与市民群众交通常识的教育,减少了交通事故,对维持交通秩序,保障人民生命安全是有成绩的。1950年全年共发生交通事故448件,平均每月37件(其中以脚踏车肇祸最多占45%强),较1949年8个月(5月解放至12月)中平均每月减少13件,特别是历次节日活动与游行示威中做到了没有一件车祸发生,已使杭市交通秩序初步入了正规。消防工作上,改组旧救火会,成立人民消防委员会,实行统一指挥与消防经费的统收统支,减少了浪费现象,加强设备,打下了人民消防事业发展的基础。

1950年9—10月份由于朝鲜战局的变化,杭市残余潜伏匪特在美帝与台湾残余蒋匪帮之策动下,制造谣言,张贴反动标语,多方设计破坏城市生产,扰乱治安,并勾结地主恶霸与利用反动道会门破坏秋征土改,加强了活动。针对这一情况,我们坚决执行了严厉镇压反革命分子活动的指示,加强了冬防工作。11月23日成立杭州市人民冬防委员会,全市各区,各派出所及主要工厂、学校、机关、企业中均亦普遍成立群众性的冬防组织,计有冬防分会8个、支会53个,各单位冬防委员会102个,冬防小组137个,并组织纠察队、消防队、救护、联络队、修建队等进行巡逻、守夜、宣传工作。在各大工厂企业中更配备专职干部,建立保卫组织(课或股),以经过短期冬防训练的厂警分配到较大的公私营工厂企业担任警卫,基本上加强了护厂护仓。同时,通过郊区民兵自卫队代表会议整顿了民兵组织。对居民则普遍召开了派出所的居民代表会议,进行抗美援朝的时事教育及动员冬防,改选了居民委员会与小组长,以纯洁居民组织,提高居委会的威信和积极性。在派出所与居民区临时建立宣传员,结合时事宣传,启发群众拒听"美国之音",开展了"反谣言斗争"的群众性运动;逮捕造谣分子(多系反动党团特务分子及伪方人员)15名,破获写贴反动标语案2起,使造谣破坏分子活动稍敛,谣言流传范围大减;并曾举行1000余人的医务工作者反谣言大会,及举办了一次治安反特展览会,进一步教育群众认识美蒋特务的罪恶与阴谋,提高警惕,严防匪特的活动。12月中旬,在反谣言斗争胜利的基础上,展开了取缔反动道会门的工作。杭州的一贯道等反动道会门,为浙江的领导中心,并与全国有联系,被骗入道的人数众多(如艮山区彭埠村入一贯道农民占全村人口60%)。其首恶分子多为土匪特务地主恶霸,甚为顽固反动,解放后仍继续愚弄群众、聚敛诈财,发展组织,进行反革命活动(散播谣言、阴谋暴动、破坏秋征土改)。我们经充分准备后于12月13日,首先逮捕了一贯道首恶分子134名。12月15日由军管会布告宣布一贯道、九宫道、同善社等反动道会门组织为非法,责令其坛主以上分子进行登记,并展开宣传,揭发一贯道等的反动阴谋及罪恶事实,提高了群众对一贯道等的认识。群众反一贯道的斗争已逐步开展,纷纷表示拥护政府的措施,劝告道徒悔悟、退道并检举、反映材料。下城区居民组织了"劝说队",挨户向一贯道徒动员;拱墅区小河派出所居民上书分局长提出五项保证,为彻底肃清反动道会门而斗争到底,群众并以演戏、出黑板报等各种方式,广泛进行宣传或控诉。在比较成熟地区,且召开了群众性的退道大会,到春节为止,全市坛主以上自动登记者277名,道徒退道者已有22277名。目前正结合郊区土改,继续发动群众反一贯道,启发群众控诉、诉苦,号召道徒退道,以摧毁其封建迷信和经济剥削的基础,彻底解散其组织。

在此期间,并迅速进行了清理积案。公安局于11、12两个月新处理了占积案总押数58%的案犯,共179名。人民法院于同一时期,在2个月左右办结刑事积案218件(内积压6个月以上者67件,3个月以上者25件,未满3个月者126件),结新案133件,共结刑事新旧案351件;办结民事积案490件(内积压6个月以上者32件,3个月以上者60件,未满3个月者398件),结新案563件,共结民事新旧案1053件。总共办结民、刑事新旧案1404件,迄年底止未结积案刑事仅 2 件,民事仅 12 件。予反革命分子与不法分子以及时应有的镇压,开始纠正了宽大无边的偏向,群众反映良好。

(八)市政建设

一年来的都市建设,是在量入为出的市财政原则下进行的,全年用于建设的经费为 1758368361 元。根据我们的人力、财力,针对市民需要,分别轻重缓急,主要进行了如下几项工作:

(1)为了便利城乡物资交流,将旧羊市街改建为江城路,全长 1902 公尺,宽 16 公尺,到 1950 年年底已全部开始通行,缩短了江干至城站段的交通距离,减少了南星桥火车调车的困难,并为城区东部的繁荣创造了有利条件。通过以工代赈,组织失业工人 500 人,兴筑了环湖马路的西山路一段,一方面沟通了环湖马路,有利于建设西山公园,美化西湖;一方面缩短了贯通杭富、杭徽两路间的路线。该路全长 2 公里,宽 12 公尺,自 7 月 9 日开工至 12 月 3 日止完成了全部土方工程 29274 公方,待路面做好,即可正式通车。这两条道路的修建,便使市区道路的负担减轻,改善了中山中路、湖滨路等交通要道车辆拥挤现象。

(2)为改善交通与环境卫生进行了修整马路和小街小巷、疏浚沟渠等工作。一年来基本维持了市区和城郊公路交通的畅达。共修补了城、郊的公路(碎石路)面积达 111546 平方公尺,浇补柏油路面达 20586 平方公尺,修整延龄、平安、凤起等桥梁 23 座。发动组织群众进行了小街小巷的修整工作,杭市旧式街道总长 116.28 公里,占全市道路长度的 47%,这些街巷因过去国民党漠不关心,年久失修,大都路面破碎,石板折断,阴沟淤塞(其中损坏过重比较重要的有 211 条),对市民交通与环境卫生妨碍很大,急需修正。我们自 1949 年初开始至 1950 年年底止,历时 1 年左右,已修好 190 多条,约占全部旧式街道的三分之二。此外,疏浚沟渠共长 7299 公尺,修浚窨井 1457 只,新筑水沟 25645 公尺。完成了卖鱼桥—余杭塘河一段的拓宽工程,解决了杭、余两县 8 万亩农田泛滥问题。并陆续调运原建筑西山路的失业工人,进行了疏浚淀沙河工程,该河贯穿市区中心,全长 3.7 公里,自武林门至风波闸一段已于年底前完工,改变了过去长期污水淤积、极不卫生的状况。

(3)改造西湖风景方面,完成了第一年春季造林,共植树 1674434 株,以马尾松、麻栎树为主,成活率平均达 70% 以上。在护林工作上,成立了西湖区护林委员会,各乡设立护林分会,共有护林小组 102 个,参加人数已达 1866 人。封山面积 13373 市亩,依靠群众有效地保护了林木。育苗 600 余万株,其中

1951 年春可以上山的树苗在 400 万株以上；繁殖桃李等果苗 43120 株；观赏苗木已活 61963 株。平湖秋月、三潭印月、曲院风荷、放鹤亭各风景点均已加以修理，并组建了杭州市名胜古迹管理委员会及六和塔等各风景点管理委员会，加强管理工作。此外，组织了西湖养鱼社，负责西湖养鱼工作，春季放养鱼秧19 万尾，12 月内已捕捞大小鱼只 6 万余斤。

（4）在"促进生产，改造风景、园林，为人民服务"的方针下，实地调查和搜集资料，完成了草拟杭州新都市建设计划的初稿的工作。同时，在测量设计工作上，已完成全市五分之一的等高线和水准基点以及西湖水深的测量，西湖水源蓄水量的调查研究等工作。

此外，全年修理路灯 7483 盏，新装路灯 378 盏，并为保障市民用电安全，整理了电料行商承装注册及举办了电业工人考试发照工作。

在营建管理方面，一年来计核发建筑工程许可证 205 件，杂项工程 658件，取缔违章建筑 72 件，拆坏有碍路线房屋 1240 公尺。并进行了全市设备不完全之小型机器用户，各小学以及庙宇建筑物的检查工作。

（九）郊区农业增产与土改运动

根据《浙江省 1950 年农业生产计划纲要》与全省落实农业会议精神，结合本市郊区具体情况，我们提出 1950 年郊区农业生产"一般以恢复为主，并力求增产粮食，扩大棉麻耕种面积，提高产量"的要求，并具体规定各类主要作物的生产任务。一年来，郊区农作物基本上达到了增产要求；主要粮食作物水稻1950 年一般增产 50 至 73 斤，较 1949 年普遍增加一成至二成，超过了生产计划"每亩增产 22 斤"和"争取每亩增产 25 斤"的要求；棉田面积比 1949 年增至8703 亩，完成了规定任务的 92%；绿麻面积扩大到 21589 亩，较 1949 年增加一倍，完成规定任务 90%，每亩增产六成至八成；棉花因遭受霪雨和虫害，改良棉收成较差，但较 1949 年亦略有增加，中棉产量则超过 1949 年 4 倍以上；蚕丝茶业等特产及蔬菜方面，生产计划要求保持原生产水平，但 1950 年亦都超出 1949 年的生产水平，达到增产，曾有力地帮助农民防止夏荒，提高生活和增加了生产资金。

在领导农业生产上，我们掌握了以下几个基本环节：

（1）首先在干部中明确贯彻"郊区以领导生产为压倒一切的中心任务"的方针。克服"征粮后歇一歇"、强调"生产情况不熟悉"，或认为"生产群众会，用不着领导"的情绪，以便通过干部联系群众，发动群众，开展生产运动。同时，政府则给以大力的贷种、货肥及水利贷款:一年中共贷发中籼十号稻种91278斤,德字棉籽41515斤,各种麻籽7768斤;贷放肥田粉449978斤,油饼179889斤,人粪肥9025担(贷肥包括中南等私营银行贷款的折合数),并成立肥料公司,大力组织城粪下乡;完成大小水利工程154处,受益田39112亩;同时在收购产品等各方面给予扶助,以支持这个运动的发展。

(2)春耕开始时,群众曾存在着各种不同的混乱思想,谣言多,顾虑多。地主富农怕土改,中农怕积极生产富了挨斗争,贫农叫苦依赖等待,要求救济;在农业税方面,地主富农叫重,一般群众怕生产多要多缴农业税。针对这些思想,我们严格地依据生产政策,进行深入的宣传教育,于2月22日召开了一次各郊区之乡干和农民代表的农业生产会议,宣传政策,布置任务,各区代表回去后,又反复地自上而下召开各种群众性会议进行动员,使生产政策与群众见面,树立"劳动光荣、生产发家"思想。并广泛地解释合理负担政策,宣传"谁种谁收",以打破群众的各种顾虑。在运动的发展中,我们又耐心诚恳,运用各种实例,熟人熟事及具体的生产经验来教育群众,使我们的口号、计划和任务为群众所接受掌握。

(3)紧紧掌握农业生产的季节性,将农作物生产与复业多样性的其他生产工作结合。我们通过生产度荒,大力发动修船运货、采荸荠、捉鱼、措蚌、城乡物资贩运及织麻袋等副业生产,并结合以工代赈、社会互济、提高了群众的生产情绪;通过兴修水利和春夏秋三季的治虫运动,又进一步组织了群众,提高了群众的认识。

由于我们注意了以上几个基本环节,一般讲来,农民的生产情绪是高涨的,普遍出现了争购肥料、精耕细作、多耘多锄的现象,"劳动光荣、生产发家"成为广大群众自己的口号,进一步密切了人民政府与群众的关系,在生产过程中出现与培养了大批积极分子,以推动生产及改造了基层组织,各级干部初步获得了领导生产的经验。但工作中,领导作风不够具体深入,原则指示多,具体指导少,干部中则较普遍地存在着单纯任务观点,采取简单的行政命令,如秋季治虫时,在任务紧急的情况下,部分地区产生严重的强迫命令和包办代替现象。这些偏向经整风后,已得到纠正。

根据目前郊区的具体情况,解放后,经过剿匪反霸、减租征粮、生产运动等一系列的工作,农村的革命秩序已经确立,乡村民主政权及农会组织亦普遍建立,并培养了相当数量的基层干部。广大农民的觉悟程度已显著提高,认识到人民政府是自己的政府,普遍要求土地改革,基本上具备了土地改革的条件。

现我们在组织上、政策上、思想上已进行了初步准备,成立郊区土地改革工作委员会,掌握领导,开办土地改革干部训练班,训练土地改革工作干部,进行了群众性的宣传教育,以树立土地改革的正义性与必要性的认识,并完成了3个乡的重点试验,计划在今年4月底左右全部完成郊区土地改革,进一步消灭封建剥削制度,扫除农村生产的障碍,巩固后方,加强抗美援朝的力量,顺利地完成1951年郊区农业增产任务。

(十)房地产清理登记

在国民党反动政府的长期统治下,本市房地产权关系极为紊乱不清。我们接管后,为了保护人民正当的产权和保障国家土地不受侵犯,在"整理地籍,清理产权"的方针下,以清理私产为重点,采取"地籍与户籍相结合""一户房地一次登记""先小后大,先易后难"的方法,订出清理登记,检举奖惩与代管等各项办法,于1950年3月开始对全市私有房地产进行了登记工作。

9个月来,共收申请登记的17587件,其中占城区总数的85.03%,经审查完毕已公告确定产权者5017件,发出所有权证2954张,共有保持证213张,经复更正者3007丘,收入登记规费①59500余万元。通过登记,发现隐匿的敌伪房产、地产54处,面积50.52亩。初步弄清了城区地籍与产权,并结合完成了1950年地价税工作。

开始办理登记时,由于大部分业主不了解政策,对登记工作认识不足,担心登记后房屋要分配、将增加税收等,存在着各种不同的怀疑与顾虑,抱着观望态度;同时,我们在工作方法上偏重了大业主,没有走群众路线,以致在开始办理的第一个月中,仅收到登记数302件。针对上述情况,我们开展了广泛深入的宣传动员工作,召开群众性会议,宣传房地产登记的政策与目的,打破业主顾虑,并会同公安派出所进行挨户催告;另一方面,采取了"先小后大、先易后难"的方法,先动员小业主进行登记,造成群众性的运功,迫使大业主不得不前来登记;并尽量简化登记手续,按有件即收的原则办理,使工作迅速展开,从平均每日10件增到130件以上。

工作中我们坚决贯彻了"地籍与户籍相结合"的登记原则,业主必须取得户籍证明,才能办理登记,同时,更采取验明老契,必要时并调查置产资金来源等确定产权,通过这些方法不仅便利了归户工作,并进一步控制了化名,使某

---

① 规费:国家有关部门为提供某项服务而按规定收取的费用。——编者注

些畏罪逃跑或隐匿的地主官僚及其家属无法隐匿地产。

　　公共房地产方面,亦进行了清理工作,并在保障公私房地产不受非法侵占的原则下,对无主房地产予以代管。一年来计清理公产房屋 210 处,面积 378352 平方公尺(内 10 处未测量);代管公产房屋 212 处,面积 120930 平方公尺(内 4 处未测量);土地 17775.656 亩,并按使用情况合理调整,将不适于公租者进行招租,建立合理的租贷关系;对公地则实施了统一管理,江干沙地 200 余年来的纠纷亦获得了合理的解决。